ROBERT BETZ

DEIN WEG ZUR SELBST-LIEBE

Mit Mut zur Veränderung deine Wahrheit leben

für Beatrix

»Ich geh meinen Weg,
auch wenn ich nicht weiß,
wohin er mich führt.
Aber es wird mein Weg sein,
wenn ich ihn gegangen bin.
Und ich werde bei mir selbst angekommen sein.«

EINFÜHRUNG

Mit diesem Buch wirst du dein Leben, dein Lebensgefühl, den Zustand deines Körpers, deine Beziehung zu dir und deinen Mitmenschen und zum Leben selbst grundlegend verändern – wenn du dich dazu entschließt. Das heißt, wenn du dich öffnest für das Vertrauen in das Leben selbst und in die größte Kraft, die in dir unerkannt und völlig unterschätzt schlummert: die Liebe.
Dies wird keine schwere Arbeit, nein, im Gegenteil, es wird ein leichter Gang. Das Buch hilft dir dabei und du machst dir damit das größte Geschenk deines Lebens. Ein Leben voller Freude an dir und deinem Weg, an deinen Erfahrungen und reichhaltigen, wunderbaren Begegnungen mit dir selbst und den Menschen, die ein Stück deines Weges mit dir gehen, im Privaten wie im Beruflichen.

»MICH SELBST LIEBEN LERNEN«

hießen bereits meine ersten Seminare, mit denen ich vor 15 Jahren auf der griechischen Insel Lesbos begann und die auch heute noch dort stattfinden. Seit dieser Zeit durfte ich viele Tausend Menschen erleben, die sich das große Geschenk der Selbstliebe gemacht und ihrem Leben eine völlig neue Richtung und Qualität gegeben haben. Das hier sind also keine leeren Versprechen, sondern ist an sehr vielen Menschen und an mir selbst erlebte Wirklichkeit. An jedem meiner Vortragsabende und in jedem Seminar kommen Menschen auf mich zu, junge und alte, Männer und Frauen, die mir tief bewegt die Hand mit den Worten reichen: »Ich möchte nur Danke sagen, Sie haben mein Leben gerettet« oder »Sie haben mir ein neues Leben geschenkt«. Das schreibe ich nicht, um damit anzugeben, sondern weil es wahr ist und auch dir Mut machen kann, falls du gerade in einer Krise steckst und nicht weißt, wie es weitergehen soll. Ich danke all denen, die den Mut fanden und finden, in diesem Leben ein zweites zu beginnen. Die sich entschieden, aus einem Leben der Unbewusstheit, des sich von der Liebe trennenden, verurteilenden Denkens, des Gegeneinanders und der vermeintlichen ›Opferrolle‹, auszusteigen. Die sich entschlossen, als bewusster, liebender Schöpfer und Gestalter ihr Leben in die eigenen Hände zu nehmen und sich für ein neues Denken mit dem Herzen, für die Kraft der Vergebung und die Liebe zu sich selbst, ihren Mitmenschen und zum Leben entschieden. Zu diesen Menschen kannst auch du gehören. Denn unser Leben ist verstehbar, es ist nachvollziehbar in seinen Ursache-Wirkungs-Beziehungen – und es ist veränderbar. Der große dänische Philosoph Sören Kierkegaard schrieb sinngemäß:

» Wir leben unser
Leben vorwärts
und verstehen es rückwärts.«

SÖREN KIERKEGAARD

Das heißt, wenn wir zurückschauen auf unser bisher gelebtes Leben, können wir den Sinn und die Zusammenhänge erkennen und uns aufgrund dieser Erkenntnis neu entscheiden und die Richtung ändern. Beim Lesen dieses Buches und beim Durchführen der leichten Übungen und empfohlenen Meditationen wirst du nicht nur erkennen, warum dein Leben bisher so verlief, wie es das tat, sondern auch Lust verspüren, es zu verändern, und Mittel und Wege finden, mit denen das klappt. Durch das aufmerksame Lesen mit dem sich öffnenden Herzen wird sich schon vieles in dir wandeln.

SCHLÜSSELSATZ ...
... zur Veränderung

Der erste Schritt zur Veränderung heißt, mich zu öffnen für einen neuen Blickwinkel, ein neues Schauen auf mich und mein Leben, für neue Gedanken, die der an das ›normale‹ Denken gewöhnte Verstand erstmal oft ablehnt.

DER VERSTAND IST DARAUF TRAINIERT,

›recht zu behalten‹, er will seine über viele Jahre gefestigten Gedanken, Überzeugungen und Glaubenssätze über sich, das Leben und seine Mitmenschen verteidigen. Das ist auch sein ›Job‹. Darum versuche nicht, diese Gedanken zu unterdrücken. Tue dir keinen Zwang an und lass ihn während des Lesens ruhig in seiner Ablehnung zu Wort kommen mit Bemerkungen wie ›Unsinn‹, ›Quatsch‹, ›Schmarrn‹, ›geht nicht‹, ›stimmt nicht‹, ›leicht gesagt, aber schwer umzusetzen‹. Wenn du dich entscheidest, das Buch dann ein zweites oder drittes Mal zu lesen – und das lege ich dir sehr ans Herz –, wirst du über manches sagen: »Interessant, wie ich noch vor kurzem dachte!«

In uns gibt es ein Zentrum, eine Führungszentrale, und das ist unser Herz. Nicht das organische Herz, sondern ein unsichtbares Zentrum in unserer Brust, das kein Chirurg finden kann. Sobald uns etwas sehr berührt, legen wir dorthin spontan unsere Hand. In diesem Herzen ist alles vorhanden, was du für ein glückliches Leben benötigst. Es ist die Quelle deiner Liebe, deiner Freude und deiner inneren Weisheit. Falls es bei dir vielleicht noch weitgehend zu ist, weil du es – um psychisch zu überleben – in deiner Kindheit einmal verschließen musstest, wirst du das im Moment wahrscheinlich kaum glauben können. Dieses Herz weiß alles über dich (weit mehr als dein Kopf) und möchte dich auf deinem Erfahrungsweg durch dein Leben zu dir selbst führen, zu der Erkenntnis, wer und was du in Wirklichkeit bist.

UNSER HERZ IST EINE ART ›NAVI‹,

das du nutzen oder ignorieren kannst. Sehr kopflastige, rational betonte Menschen glauben in der Regel nicht an die Weisheit oder Präsenz solch eines Herzens. Sie gelangen oft erst durch negative Erfahrungen und Schicksalsschläge zu einer Haltung der Demut – und der Einsicht, dass sie von Natur aus Herzensmenschen sind und Liebe das Wichtigste im Leben eines Menschen ist.

Mit diesem Buch möchte ich dein Herz berühren, ohne deinen Verstand außen vor zu lassen. Das denkende Gehirn ist ebenso wie unser Körper ein wunderbarer Diener und arbeitet perfekt wie ein PC. Allerdings wurde er mit der falschen ›Software‹ gefüttert, mit Tausenden unwahren Gedanken, die uns zu einem völlig verzerrten Selbst-, Welt- und Menschenbild geführt haben. Unendliches Leid und viele Mangelzustände in unserem Leben und auf Mutter Erde haben wir dadurch erschaffen und bisher aufrechterhalten.

Unser Verstand wird von demjenigen, der sein Herz für die Liebe öffnet, mit einer ›neuen Software‹ ausgestattet. Der Verstand wird von der unendlichen Weisheit des Herzens lernen dürfen und dann heißt es: »Herz über Kopf.«

In diesen Jahren der Transformation, des großen Bewusstseinswandels werden wir von persönlichen, gesellschaftlichen und wirtschaftlichen Krisen aufgerüttelt. Durch eine starke Schwingungserhöhung der Erde werden wir jetzt dazu bewegt, unser verurteilendes Denken zu überprüfen, unsere Eigenverantwortung für unsere Schöpfungen zu übernehmen und die Wahrheit zu erkennen. Immer mehr Frauen und Männer wählen jetzt einen Weg für ihr Leben: den Weg des Herzens, den Weg der Liebe und des Mitgefühls im Bewusstsein, dass jeder von uns von Natur her ein göttliches Wesen ist, aus der Liebe geboren.

JAHRTAUSENDEALTES DENKEN

und Verhalten der Trennung, der Verurteilung, der Schuldzuweisung, des Kampfes und des Opferbewusstseins geht in diesen Jahren schneller zu Ende, als es sich unser Verstand vorstellen kann. Das musst du alles nicht glauben, dieses Buch ist ein Angebot und während der eine sich dafür öffnen kann, wird der andere es ablehnen. Für mich ist das in Ordnung.
Sehr viele Menschen – vermutlich auch du – wünschen sich seit Jahren Frieden in ihrem Inneren sowie auf der Welt. Und für den großen Wandel auf dieser Erde hin zu einer Menschheit des Friedens und der Liebe (der von den Weisen aller Hochkulturen vorausgesehen wurde) ist die kritische Masse der Liebenden und sich für den Frieden Entscheidenden jetzt erreicht. In den nächsten Jahren wirst du auf unserem Planeten eine Entwicklung erleben, die der Verstand nicht vorhersehen kann. Aber das Herz – auch dein Herz – weiß um den Weg, den Erde und Menschheit jetzt gehen und den du mitgehen kannst.
Niemand wird diese Entwicklung in der Rolle eines passiven Zuschauers erleben. Jeder wird sich entscheiden dürfen, ob er diesen Weg der Liebe bewusst mitgeht oder ob er weiter verurteilen, anklagen, jammern, sich aufopfern und das Leben hier ablehnen will. Jeder ist eingeladen, diesen Weg des Aufstiegs der Menschheit aktiv mitzugehen, das heißt, seinen persönlichen ureigenen Weg zur Wahrheit seines Herzens zu finden und zu beschreiten. Der ›Wind of Change‹ bläst jetzt durch alle Körper, Partnerschaften, Firmen und Organisationen dieser Welt und deckt all das auf, was nicht der natürlichen Ordnung, Klarheit und Liebe entspricht. Alles, was bisher im Dunkeln und Geheimen war, wird jetzt durchleuchtet, transparent und offenbar. Dies betrifft sowohl die Affären und Skandale auf den großen Bühnen der Politik, der Wirtschaft und des Sports als auch den persönlichen Betrug am eigenen Herzen, das Nicht-Leben der eigenen Wahrheit. Den Zweiflern, die angesichts der Unruhen, der Kriege und des Terrors das nicht glauben können, möchte ich folgende Worte der Geistigen Welt (Monatsbotschaft, die du auf meiner Website nachlesen kannst) ans Herz legen:

»Die Änderung dieser Zeit ist, dass der Energiequalität des Rangelns und der Wut und der Angst und des Terrors die Energien entzogen werden. Und dadurch bäumen sie sich nochmal auf, weil die alten Energien bleiben wollen. Der Terror bäumt sich nochmal auf. Die Angst bäumt sich nochmal auf im Kleinen wie im Großen. Aber sie bekommen keine Energie mehr.«

Darum öffne dich für das Vertrauen in das Leben selbst und die Freude daran, dass du in dieser segensreichen Zeit lebst. Du hast dich einmal dafür entschieden, diesen seit vielen Jahrtausenden größten Wandel und Bewusstseinssprung mitzumachen. Betrachte die Unruhen und den Unfrieden auf dieser Welt, die Flüchtlingsströme, den Terrorismus, den Rechtsruck in vielen Ländern, die Wirtschafts- und Währungskrisen und manch anderes als notwendige Begleiterscheinungen und Durchgangsstationen hin zu einer neuen Ordnung, in der die Stimme des Herzens, der Liebe und Vernunft wieder gehört wird und ihr gefolgt wird. Nicht die Ankläger, Hetzer und geistigen Brandstifter werden unsere Zukunft bestimmen. Es werden die besonnenen Herzmenschen sein, die für Einheit, Respekt, Mitgefühl und Verbundenheit eintreten und dies auch selbst vorleben, die von der Transformationskraft dieser Zeit, der Macht der Liebe, getragen und schließlich geführt werden. Begrüße also die umwälzenden Veränderungen, die im Gange sind, und werde ein Teil davon. Sei DU die Veränderung selbst. Sie beginnt mit der Liebe zu dir.

»Als ich mich selbst zu lieben begann ...«

Als ich mich selbst zu lieben begann,
habe ich verstanden, dass ich immer und bei jeder Gelegenheit
zur richtigen Zeit am richtigen Ort bin
und dass alles, was geschieht, richtig ist –
von da an konnte ich ruhig sein.
Heute weiß ich: Das nennt man VERTRAUEN.

Als ich mich selbst zu lieben begann,
konnte ich erkennen, dass emotionaler Schmerz und Leid
nur Warnung für mich sind,
gegen meine eigene Wahrheit zu leben.
Heute weiß ich: Das nennt man AUTHENTISCH SEIN.

Als ich mich selbst zu lieben begann,
habe ich aufgehört, mich nach einem anderen Leben zu sehnen,
und konnte sehen, dass alles um mich herum eine Aufforderung
zum Wachsen war.
Heute weiß ich: Das nennt man REIFE.

Als ich mich selbst zu lieben begann,
habe ich aufgehört, mich meiner freien Zeit zu berauben,
und ich habe aufgehört, weiter grandiose Projekte
für die Zukunft zu entwerfen.
Heute mache ich nur das, was mir Spaß und Freude macht,
was ich liebe und was mein Herz zum Lachen bringt,
auf meine eigene Art und Weise und in meinem Tempo.
Heute weiß ich: Das nennt man EHRLICHKEIT.

Als ich mich selbst zu lieben begann,
habe ich mich von allem befreit,
was nicht gesund für mich war,
von Speisen, Menschen, Dingen, Situationen und von allem,
was mich immer wieder hinunterzog,
weg von mir selbst.
Anfangs nannte ich das »gesunden Egoismus«,
aber heute weiß ich: Das ist SELBSTLIEBE.

Als ich mich selbst zu lieben begann,
habe ich aufgehört, immer recht haben zu wollen,
so habe ich mich weniger geirrt.
Heute habe ich erkannt: Das nennt man DEMUT.

Als ich mich selbst zu lieben begann,
habe ich mich geweigert,
weiter in der Vergangenheit zu leben
und mich um meine Zukunft zu sorgen.
Jetzt lebe ich nur noch in diesem Augenblick,
wo ALLES stattfindet,
so lebe ich heute jeden Tag und nenne es BEWUSSTHEIT.

Als ich mich zu lieben begann,
da erkannte ich, dass mich mein Denken
armselig und krank machen kann.
Als ich jedoch meine Herzenskräfte anforderte,
bekam der Verstand einen wichtigen Partner.
Diese Verbindung nenne ich heute HERZENSWEISHEIT.

KIM MCMILLEN, »WHEN I LOVED MYSELF ENOUGH«

Wer sich
selbst nicht
lieben lernt,
verzichtet
auf ein
glückliches
Leben

ES MAG RADIKAL KLINGEN,

aber ich bin überzeugt, dass der Mensch gelernt hat, sich selbst der größte Feind zu sein. Er hat gelernt, sich selbst zu verurteilen und abzulehnen, sich ›hinab zu denken‹, zu kritisieren und seinem eigenen Glück im Weg zu stehen. Von Kindheit an lernen wir, schlecht und abwertend über uns zu denken, und kommen so zu der Überzeugung, wir seien nicht gut und es nicht wert, geliebt zu werden. Wir müssten uns anstrengen, ein guter Mensch zu werden, um den Erwartungen der anderen zu genügen und geliebt zu werden. Diese über viele Jahre erlernte und von anderen übernommene Haltung steckt fast allen Menschen in den Knochen. Falls dir das überzogen erscheint, mache als Erstes die Anleitung zu Selbsterforschung auf Seite 32, aber tue es mit dem Mut zur Ehrlichkeit.

DIESES BUCH ENTHÄLT KEINE ANKLAGE

gegenüber unseren Eltern, Erziehern, Lehrern oder anderen. Wir sind nicht ihre ›Opfer‹, selbst wenn viele von uns sich damals so sahen und sich noch heute so fühlen. Sie alle wussten es nicht besser und haben ihr Bestes gegeben. Kannst du ihnen das noch nicht zugestehen und ihnen für ihre Leistung danken, befindest du dich noch im Bewusstsein eines Opfers, eines Menschen, der (noch) nicht bereit ist, seine Verantwortung für sein Leben selbst zu übernehmen. Ich bitte dich, hör auf, weiterhin Schuldscheine zu verteilen, anzuklagen, zu jammern und zu denken:

»Wenn meine Eltern (oder andere) besser gewesen wären, mich besser behandelt hätten, meine Kindheit anders verlaufen wäre, dann, ja dann hätte ich es nicht so schwer.«

Mit dieser Haltung erzeugst du Ohnmacht und schmerzhafte Wiederholungen und ziehst weitere vermeintliche Täter in dein Leben und erzeugst Mangelzustände. Auch wenn du wenig geliebt wurdest als Kind und eine harte Kindheit hattest, kann dich nichts und niemand davon abhalten, dich heute selbst lieben zu lernen und ein glücklicher Mensch zu werden. Denn du hast ein Herz, das lieben will und lieben kann, ja, das die Energie ›Liebe‹ sogar erzeugt. Unser Herz in der Mitte unserer Brust (nicht die wunderbare Pumpe ›Herz‹) ist ein Generator, ein Erzeuger für Liebe.

IN DER KINDHEIT WURDEN WIR

mit anderen Kindern verglichen, zu Hause, im Kindergarten und in der Schule. Und dieser Vergleich bestand für die meisten aus einem Urteil: »So bist du für uns nicht richtig, nicht in Ordnung. So können wir dich nicht lieben. Ändere dich und pass dich an!« Diese Verurteilung spürten wir jeden Tag durch einen Satz, einen Blick, den Tonfall, eine Geste. Und das, was wir noch heute über uns selbst und unseren Wert denken, stammt nicht von uns, sondern von dem, was uns Eltern, Lehrer usw. über uns sagten und dachten. Eltern können bis heute nur selten bedingungslos – also ohne Erwartungen – lieben, da sie selbst durch die Schule von Verurteilung und Selbstverurteilung gegangen sind.

Frage dich bitte:

Kannst du dich an eine glückliche Mutter oder an einen glücklichen Vater in deiner Kindheit erinnern? Haben die beiden sich selbst geliebt? Ich stelle diese Frage seit Jahren bei meinen Vorträgen. Das Ergebnis, das auch jede repräsentative Umfrage ergeben würde: Weniger als fünf Prozent von uns (ob wir heute 25 oder 60 Jahre sind) können von einer glücklichen Mutter oder einem glücklichen Vater berichten.

Noch einmal, diese Tatsache enthält keine Anklage, im Gegenteil. Sie zeigt uns jedoch, dass unsere Eltern uns nicht mehr lieben konnten, als sie es getan haben. Sie zeigt zugleich, dass sie uns keine ›Betriebsanleitung‹ für ein glückliches Leben mit auf den Weg geben konnten. Dieses Buch enthält diese Anleitung, auch wenn du da vielleicht (noch) skeptisch bist.

WENN DU EINE ANDERE LEBENSQUALITÄT

genießen willst, ein Leben der Freude, im Frieden mit dir und deinen Mitmenschen, ein rundum erfülltes und glückliches Leben, kannst du dies erschaffen. Du hast alles dafür in dir. Die erste entscheidende Frage ist: Willst du das überhaupt? Bist du bereit, dich zu entscheiden, deine Schöpferverantwortung für dein Leben – ja, für ein glückliches Leben – zu übernehmen und deine dir vom Leben geschenkte Schöpferkraft dafür einzusetzen?

Denn alles in unserem Leben beruht auf Entscheidungen, meist auf unbewussten oft in früher Kindheit getroffenen oder aber auf bewussten. Zum Beispiel haben viele bis heute das Gefühl, nicht gewollt zu sein, und nicht wenige Mütter und Väter haben es das Kind spüren lassen. Wenn wir uns am Anfang unseres Lebens nicht herzlich willkommen fühlen, lehnen wir uns als Antwort hierauf meist selbst ab und denken dann oft später noch: »Eigentlich will ich gar nicht da sein!«

Wenn du dich für ein glückliches Leben entscheiden willst, dann tue es jetzt. Falls du es (noch) nicht tust, dann wirken andere von dir früher getroffene Entscheidungen, Überzeugungen und Schwüre (die dir weitgehend unbewusst sind) in dir und deinem Leben weiter und können zu Wiederholungen, Enttäuschungen, Mangelzuständen und Krankheiten führen. Die Entscheidung, dich selbst lieben zu lernen mit allem, was du bisher an dir abgelehnt hast, kann dir niemand abnehmen. Wenn du das aber willst, triff diese Entscheidung jetzt. Schreibe dir die folgenden Sätze auf und hänge das Blatt an einen für dich gut sichtbaren Ort in deiner Wohnung auf, damit er dich oft erinnert.

SCHLÜSSELSATZ …
… zur Entscheidung

»Ich entscheide mich, aus meinem Leben das Allerbeste und Allerschönste zu machen und mich selbst und mein Leben aus ganzem Herzen wertzuschätzen und lieben zu lernen. Ich bin bereit, mir selbst, das heißt meinem Innenleben, große und liebende Aufmerksamkeit zu schenken und mich selbst zu meiner besten Freundin / meinem besten Freund zu machen.«

Für ein glückliches Leben ist es nie zu spät. Aber ein Mensch, der sich selbst nicht liebt, wird dies nie erleben. Zu den fünf Dingen, die Menschen am Ende ihres Lebens am meisten bereuen, gehört die Erkenntnis: »Ich wünschte, ich hätte mir erlaubt, glücklicher zu sein.« Bronnie Ware, eine ehemalige australische Krankenschwester und Autorin, schreibt hierzu in ihrem Buch »5 Dinge, die Sterbende am meisten bereuen. Einsichten, die ihr Leben verändern werden«: »Das hörte ich erstaunlich oft. Viele haben bis zum Ende nicht erkannt, dass Glücklich-Sein eine Entscheidung ist. Sie sind stecken geblieben in alten Mustern und Gewohnheiten. Die so genannte ›Bequemlichkeit des Gewohnten‹ hat ihre Gefühle und ihr alltägliches Leben dominiert. Die Angst vor Veränderung brachte sie dazu, anderen und sich selbst vorzumachen, dass sie zufrieden sind, auch wenn sie sich tief im Inneren danach sehnten, mal wieder richtig zu lachen und richtig albern sein zu können.«

Führt Selbstliebe nicht zu Egoismus, Selbstsucht und Narzissmus?

DIESER EINWAND GEGEN

die Selbstliebe wird immer wieder mal geäußert, aber: Das Gegenteil ist der Fall. Menschen, die sich selbst lieben, sind ein Segen, ein großes Geschenk für ihre Mitmenschen. Denn sie übernehmen Verantwortung für ihr Lebensglück und hören auf, es von anderen zu erwarten. Sie entlasten ihre Umwelt und bereichern sie durch ihre Freude, ihre Liebe und ihr Vorbild. Sie machen anderen Mut, ihnen auf dem Weg der Liebe zu folgen. Und wer sich selbst liebt, der kommt nicht umhin, auch seine Mitmenschen immer mehr zu lieben. Wer sich selbst jedoch nicht liebt, kann auch andere nicht lieben. Aber er kann sich für sie aufopfern – und wird schon lange vor seinem Lebensende frustriert und enttäuscht sein.

WAS UNTERSCHEIDET DIE SELBSTLIEBE

von Egoismus und Selbstsucht? Der egoistische oder selbstsüchtige Mensch liebt sich selbst NICHT. Er wird von Angst und Mangeldenken gesteuert und hat sein Herz für die Liebe verschlossen: für die Liebe zu sich selbst ebenso wie für die Liebe zu anderen. Er hat Angst, nicht genug zu bekommen, und glaubt, es gäbe nicht genug von dem, was er glaubt zu brauchen. Er fährt innerlich seine Ellbogen aus, verurteilt andere (und insgeheim sich selbst) und meint, er müsse gegen andere kämpfen – um sich so seinen Vorteil vor anderen zu verschaffen. Diese Menschen sind von der Liebe zu sich selbst genauso weit entfernt wie von der Liebe zu ihren Mitmenschen. Es ist also der sich selbst nicht liebende Mensch, der zum Egoisten wird und nur an sich selbst denkt. Millionen von Frauen haben uns vorgelebt, wie man sich nicht liebt. Über viele Generationen haben sie gelernt, sich zu kümmern, zu sorgen und für andere aufzuopfern: für die Kinder, den Partner, die Eltern, Schwiegereltern etc. Sie bekamen von ihren Müttern beigebracht: »Nur so bist du eine gute Frau.« Sie haben sich selbst und ihre Bedürfnisse zurückgestellt, weil sie dachten, das sei ein Ausdruck von Liebe. Aber es war Selbstaufopferung. Mit circa 50 Jahren sind solche Frauen alles andere als glücklich, sondern meist erschöpft bis ausgebrannt, enttäuscht, frustriert und oft krank. Nicht selten plagen sie noch Schuldgefühle und Gedanken wie: »Ich hätte es besser machen müssen. Ich hätte diesen und jenen Fehler nicht machen sollen.«

Und Millionen von Männern haben schon als Junge gelernt, dass ein richtiger Mann sich auf seine Arbeit konzentriert und so viel Energie wie nur möglich hier investiert, um Geld zu verdienen und ein ›richtiger‹, erfolgreicher Mann zu sein. Männer glauben, sich so die Aufmerksamkeit, Anerkennung und Wertschätzung anderer verdienen zu können. Sie vergaßen und vergessen bis heute, sich um sich selbst zu kümmern, um ihr seelisches und körperliches Wohl – und sind mit 50, 60 Jahren ebenfalls alles andere als glücklich, auch wenn sie es zu Erfolg und einem Einfamilienhaus gebracht haben. Äußerer Erfolg und materieller Wohlstand führen uns eben nicht zu Erfüllung und Freude im Leben, solange die Begeisterung am eigenen Leben fehlt.

Du ehrst und würdigst deine Eltern und machst ihnen und dir selbst ein großes Geschenk, wenn du jetzt beginnst, dich selbst, dein Frau-/Mann-Sein ins Zentrum deiner liebevollen Aufmerksamkeit zu stellen. Und dir selbst das schenkst, was du bisher von anderen erwartet hast:

Unsere Eltern gaben ihr Bestes

Diese Frauen und Männer, auch unsere Mütter und Väter, würden sich freuen, wenn wir, ihre Kinder, nicht in ihre Fußstapfen treten, sondern aus ihrem Schicksal lernen und etwas entscheidend anders machen. Und wir, ihre Kinder, wären froh, unsere Eltern hätten besser für sich gesorgt und wären auf ihrem Weg glücklich geworden – hätten sich selbst also mehr geliebt. Aber sie bekamen, wie schon erwähnt, von ihren Eltern keine Anleitung dazu und diese wiederum nicht von ihren.

Zeit für dich mit dir, Neugier, Aufmerksamkeit, Besinnung, Muße, Genuss und viel, viel Liebe, Wertschätzung, Anerkennung und Lob. Unsere Eltern und Ahnen freuen sich, wenn wir – ihre Nachkommen – in unserem Leben weiter gehen, als sie es konnten, und aufhören, sie zu kopieren und ähnliche Schicksalswege zu gehen wie sie. Hierin besteht die wahre Würdigung ihrer Lebensleistung und ihres Erbes.
Falls du aus den ›alten Schuhen‹, in denen deine Vorfahren über viele Generationen durch ihr Leben gingen, aussteigen und eine völlig andere, neue Lebensqualität erschaffen willst, kannst du dies jetzt beginnen. Dieses Buch sowie die Übungen und Meditationen auf App und CD unterstützen dich dabei.

SCHLÜSSELSATZ

Die größte Sucht

Die größte Sucht und Abhängigkeit, unter der wir Menschen leiden, ist die Suche und Sucht nach Aufmerksamkeit und Liebe anderer Menschen. Wir denken und glauben: »Ich brauche die Liebe eines anderen, sonst kann ich nicht glücklich sein!« Für ein von seinen Eltern abhängiges Kind ist das wahr, für einen erwachsenen Menschen jedoch nicht. Wer so etwas glaubt, täuscht sich und muss auf seinem Weg immer wieder Enttäuschungen erleben.

Du
bist der erste
und wichtigste
Mensch
in deinem
Leben

DIESER GEDANKE KLINGT

für viele radikal und war unseren Eltern und Vorfahren fremd. Nicht wenige von ihnen hätten ihn als ›Sünde‹ empfunden und glaubten, das dürfe man nicht einmal denken. Sie lehrten uns meist das Gegenteil. »Nimm dich nicht so wichtig!« oder »Was glaubst du eigentlich, wer du bist?!« sind Sätze, die auch nach zig Jahren noch in uns nachklingen und wir unbewusst beantwortet haben mit: »Ich bin nicht wichtig.« Oder: »Ich darf mich nicht so wichtig nehmen.«
Mit solchen oft unbewussten Einstellungen erschaffen sich auch heute noch Millionen Menschen ein Leben voller Leid, Mangel, Enttäuschung und Krankheit. So wie du über dich und deinen Wert denkst, fühlst du dich auch. Kleinheit, Wertlosigkeit und Scham sind die Gefühle, die wir durch solche Gedanken in uns hervorrufen. Sie wiederum führen zu Krisensituationen und Mangelzuständen. Warum sollte uns das Leben Fülle und Freude schenken, wenn wir glauben, wir hätten es nicht verdient beziehungsweise wir seien es nicht wert?

MANGELNDE SELBSTWERTSCHÄTZUNG UND

Selbstliebe sind die erste und größte Ursache für mangelnden Lebenserfolg, Verluste, Krankheit und finanzielle Not. Was du über dich und deinen Wert denkst, strahlst du aus – und so behandeln dich das Leben und deine Mitmenschen. Das Leben antwortet auf jede Schwingung deiner Gedanken: »Nach deinem Denken und Glauben geschehe dir!« Du bist in dieses Leben und in deinen Körper gekommen, um etwas aus ihm und dir selbst zu machen. Und zwar das Allerbeste und Allerschönste, was du dir heute noch gar nicht vorstellen kannst. Du bist hier, um zu entdecken, welche Möglichkeiten, Talente und welches Potenzial in dir stecken, um sie zu verwirklichen und mit Freude zu leben. Von diesem Potenzial hat dein Verstand allerdings noch keine Ahnung. Das kannst du nur entdecken und ins Leben bringen, wenn du anfängst, dich selbst ins Zentrum deiner liebevollen Aufmerksamkeit zu stellen und als deinen ersten Beziehungspartner zu betrachten. Wie oben beschrieben, ist Aufmerksamkeit gleich Energie. Und worauf du deine Aufmerksamkeit richtest, dorthin fließt Energie, dort wird etwas genährt, dort kann etwas wachsen. Bist du bereit, dich selbst zu entdecken, deine Größe zu zeigen und dein Potenzial zu entfalten?

SEIT VIELEN TAUSEND JAHREN

haben wir Menschen uns abgewertet, so dass inzwischen fast alle vergessen haben, wer und was wir von Natur aus sind: großartige Schöpferwesen, ausgestattet mit grenzenloser Schöpferkraft und unendlicher Liebesfähigkeit, Wesen göttlichen Ursprungs. Jetzt, in diesen Jahren der großen Transformation, des großen Wandels im Bewusstsein der Menschen, werden wir wieder an unsere ursprüngliche Natur, an unsere Licht- und Liebesnatur erinnert und können ein neues Kapitel in der Menschheitsgeschichte aufschlagen. Das musst du nicht glauben und kannst es gern als ›esoterisches Geschwätz‹ abtun. Es bleibt dir überlassen, ob du dich neuen Gedanken öffnen willst, mit denen sich dein rationaler Verstand schwertut. Oder ob du weiter in den ›alten Schuhen‹ mit den anerzogenen Einstellungen durch dein Leben stolpern willst.

ABER VIELE TAUSEND MENSCHEN

befinden sich schon auf diesem Weg und kommen aus dem Staunen nicht mehr heraus, was sie alles in sich entdecken und wie sie ihr Leben kraftvoll verändern können. Nachdem sie begonnen haben, sich selbst mehr und mehr zu lieben und als bewusste Schöpfer und Gestalter ihrer gesamten Lebenswirklichkeit zu betätigen, nehmen sie sich selbst und ihr Leben wichtig und das eigene Lebensglück in die Hände. Wie oben beschrieben, ist dies das Gegenteil von Egoismus oder Narzissmus. Wer sein Herz für die Liebe zu sich selbst öffnet, ist Segen und Vorbild für seine Mitmenschen. Wer sich kleinmacht und abwertet, fordert andere auf, sich auch kleinzumachen.

Wir leben in Beziehung zu vielen anderen Menschen in unserem nahen und weiteren Umfeld: zum Partner, Kind beziehungsweise zu den Kindern, zu Eltern, Geschwistern, Freunden, Nachbarn, Kollegen und Kolleginnen, Vorgesetzten etc. Aber die erste Beziehung haben wir zu uns selbst, ob bewusst oder unbewusst. Und diese Beziehung ist vielschichtig. Wir haben eine Beziehung zu unserem Frau- beziehungsweise Mann-Sein, zu unserem Körper und seinen Empfindungen, zu unseren

Gefühlen, Gedanken und zu unserem Herzen. Und all diese Beziehungen leben wir meist unbewusst und kümmern uns nicht aktiv und liebevoll um sie. So erschaffen wir Zustände in uns und unserem Leben, unter denen wir leiden und die von Unliebe zu uns geprägt sind. Es ist vor allem die gedankliche und gefühlsmäßige Beziehung zu uns selbst, welche die Beziehungsqualität zu unseren Mitmenschen gestaltet. Solange wir hierauf nicht unsere Aufmerksamkeit lenken, geraten wir mit ihnen aneinander oder fühlen uns von ihnen enttäuscht und ungeliebt.
Bist du bereit, dich zu entscheiden, dich ab jetzt ins Zentrum deiner Aufmerksamkeit zu stellen und deine Schöpferverantwortung für deinen inneren Zustand und die äußeren Zustände deines Lebens zu übernehmen, anstatt weiter die Verantwortung auf andere abzuschieben: auf deine Eltern, deinen Partner oder Expartner?
Triff die folgende Entscheidung bewusst und sprich sie laut aus. Denn jede Veränderung beginnt mit einem neuen Gedanken und einer neuen Entscheidung im Kopf, die dann gelebt werden will.

SCHLÜSSELSATZ … … zur Schöpferverantwortung

»Ich entscheide mich, ab jetzt meine Verantwortung für mich selbst und mein Leben zu übernehmen und mich mit Liebe und Achtsamkeit um mein inneres und äußeres Wohl zu kümmern. Ich bin bereit, meine mir von Natur gegebene Schöpferkraft und Macht mit Liebe in Besitz zu nehmen. Und all das in meinem Leben zu erschaffen, was mein Herz vor Freude zum Singen bringt. Denn ich bin der wichtigste Mensch in meinem Leben und schenke mir selbst die erste Aufmerksamkeit.«

Sich selbst
zu verurteilen,
hat jeder
als Kind
gelernt

WARUM LIEBEN UND WERTSCHÄTZEN

sich bis heute so wenige Menschen und gehen mit einem positiven, schönen Selbstwertgefühl durchs Leben? Es ist das Ergebnis eines lang gepflegten Menschenbildes, das lautet: »Von Natur aus ist der Mensch schlecht, er muss verbessert, korrigiert und zur Anpassung erzogen werden.« Kaum jemand sagt das so, aber viele denken das – auch die meisten Psychologen und Coaches. Als Beleg werden die vielen Kriege und das mörderische Verhalten vieler Gruppierungen oder einzelner Menschen in allen Erdteilen angeführt. So wird die Welt aber auf den Kopf gestellt, werden Ursache und Wirkung vertauscht. Ich behaupte: Würden sich alle Menschen selbst lieben, dann hätten wir Frieden auf der Welt. Wir würden in einer völlig anderen Welt leben, in der sich Menschen gegenseitig achten, ehren und mit Liebe und Mitgefühl unterstützen. Die größte Ursache für das Leiden in dieser Welt finden wir in dem verurteilenden, lieblosen Denken über uns selbst, zu dem fast alle Kinder bis heute erzogen werden – von Menschen, die sich selbst nicht lieben. Weil wir uns selbst nicht lieben, können wir auch andere nicht lieben, lehnen sie ab, bekämpfen sie, grenzen sie aus oder bringen sie im Extremfall um.

KINDER TRENNEN SICH

in den ersten drei bis sechs Jahren von einem liebenden Bewusstsein über sich selbst. Sie lernen Schritt für Schritt, sich zu verurteilen und viele eigene Eigenschaften, Verhaltensweisen und Gefühle abzulehnen und ins Schattenreich des Unbewussten zu verdrängen. Es sind die verurteilenden Sätze von Eltern, später von Erziehern, Lehrern und anderen, die wir übernehmen und glauben. Ich nenne das ›die Vertreibung aus dem Paradies der unschuldigen Kindheit‹. Erinnere dich mal an deine eigene. Falls du viele Kinderfotos von dir in deinem Fotoalbum hast, schau dir das Gesicht des kleinen Mädchens beziehungsweise Jungen über die Jahre genau an. Spiegelt es ein wirklich glückliches

Kind wider, das denkt: »Ich bin wunderbar, ich bin liebenswert, ich liebe das Leben!«?

Das wenige Monate alte Kind ist noch in dieser Liebe zu und Freude an sich selbst. Jeder kann noch in seinen leuchtenden Engelsaugen sein Eins-Sein mit der Liebe erkennen, lässt sich berühren und denkt: »Was für ein Engel!« Aber schon in den ersten Jahren hört es Worte der Kritik, der Ablehnung und spürt, dass ihm die Liebe von Mama und Papa nicht mehr bedingungslos geschenkt wird. Es lernt eine der ersten wichtigen leiderzeugenden Lektionen, die heißt: »Wir lieben dich nur, wenn du dafür etwas tust. Wir lieben dich nicht einfach deshalb, weil du da bist und so bist, wie du bist. Liebe musst du dir verdienen, die gibt es nicht gratis.« Liebe wird nicht bedingungslos geschenkt, sondern an Erwartungen und Forderungen geknüpft. Und so hat schließlich noch jeder von uns gelernt zu glauben: »Einfach so, wie ich bin, bin ich doch nicht liebenswert.«

Und wenn du Kinder hast, frag dich selbst: Liebst du deinen Sohn oder deine Tochter auch dann, wenn sie deine Erwartungen und Wünsche nicht erfüllen? Wenn sie von der Schule fliegen würden, sitzen bleiben, sich von oben bis unten tätowieren lassen oder sogar Drogen nehmen? Welches Kind hört heute von seinen Eltern oder bekommt folgende innere Haltung vermittelt: »Mein Lieber / meine Liebe, ganz gleich, welchen Weg du gehst oder was du tust, an unserer Liebe zu dir ändert das nichts. Du kannst dich wirklich darauf verlassen, dass wir dich immer lieben werden.«

DAS IST KEIN VORWURF AN DIE ELTERN,

denn auch in ihnen sitzt ein kleines Kind, das gelernt hat, sich zu verurteilen, das sich nicht liebt, aber sich dessen nicht bewusst ist. Denn es tut weh, ist schmerzhaft und erfordert den Mut zur Ehrlichkeit, sich einzugestehen, dass man sich selbst nicht liebt, sich selbst oft der größte Feind ist. Erst recht, wenn man das größte Leid in seinem Leben selbst verursacht hat. Diesen Schmerz und die darunterliegenden Gefühle

der Scham, Schuld und Wut wollen bis heute nur wenige fühlen. Und weil diese Wahrhaftigkeit sich selbst gegenüber unseren ganzen Mut erfordert, den wir erstmal zusammennehmen müssen, verdrängen die meisten Menschen das, was sie an sich selbst ablehnen und kritisieren. Stattdessen verurteilen sie an ihren Mitmenschen das, was sie an sich selbst nicht leiden können. Oft sehen wir den Splitter im Auge des Bruders oder der Schwester, aber nicht den Balken im eigenen Auge. Sobald wir erkennen, wie wir uns für dies und jenes die Schuld geben, uns für weniger werthalten als andere, wird uns bewusst, wie viel Leid, Schmerz, Enttäuschungen wir genau hierdurch erschaffen haben.
Ich bitte dich, dir selbst gegenüber ehrlich zu sein. Sei mutig und schau dir in diesem Buch und seinen Übungen deine innere Beziehung zu dir an und laufe nicht weiter vor dir selbst und deiner Geschichte davon. Überprüfe und schreibe auf, was du bis heute über dich selbst – und alles, was zu dir gehört – denkst und fühlst. Wie du mit dir umgehst und dich behandelst. Der erste Schritt zur Veränderung deines Lebens ist eine Bestandsaufnahme, eine Inventur über deine bisher gelebte Haltung und Einstellung zu dir selbst.

SCHLÜSSELSATZ ... ... zur Selbstverurteilung

Wer sich selbst verurteilt, muss auch andere verurteilen. Wer sich selbst nicht liebt, kann auch andere nicht lieben und so annehmen, wie sie wirklich sind, besonders jene nicht, die Ähnliches an sich selbst verurteilen wie wir selbst an uns.

ANLEITUNG ZUR SELBSTERFORSCHUNG

Was denkst du wirklich über dich selbst?

Empfehlung: Nimm dir mindestens eine Stunde Zeit, um diese Fragen handschriftlich oder per Computer zu beantworten. Habe den Mut, ehrlich zu dir zu sein. Am besten, du stellst dir selbst jede Frage laut und schließt anschließend für ein, zwei Minuten die Augen ... Und wartest auf die Antworten aus deinem Inneren.

- Was denke ich bis heute über mich selbst als Mensch, über mein Frau- beziehungsweise Mann-Sein, über meinen Wert und meine Talente?
- Was an mir finde ich zutiefst liebenswert? Was an mir liebe ich und was an mir mag ich nicht und lehne es ab?
- Was liebe ich an meinem Körper? Und was lehne ich an ihm ab?
- Wofür kann ich mich aus ganzem Herzen loben? Wie oft lobe ich mich? Und für was habe ich mich das letzte Mal gelobt? Worauf in meinem Leben bin ich stolz?
- Wie gehe ich mit mir um, wenn es mir nicht gut geht, wenn ich mich verlassen oder enttäuscht fühle oder mir etwas misslingt?
- Was denke ich über mein bisheriges Leben als Erwachsener (seit ich von zu Hause auszog)?
- Mit welchen Menschen vergleiche ich mich, die erfolgreicher, wohlhabender, beliebter, attraktiver oder vermeintlich ›weiter‹ sind als ich.

Je **mehr**
du andere
kritisierst,
desto weniger
liebst du
dich **selbst**

IN UNSEREN ERSTEN LEBENSJAHREN

hat so gut wie jeder von uns mehr oder weniger viele Zurückweisungen, Enttäuschungen und Verurteilungen durch Menschen erlebt, die selbst nicht glücklich waren. Sie dachten, sie müssten uns zu einem ›normalen‹, angepassten Menschen erziehen, der die Erwartungen anderer erfüllt und nicht auf sein eigenes Herz hört. In dieser Zeit haben wir in uns ein völlig verzerrtes Selbstbild erschaffen, an das wir ganz hartnäckig glauben.

Kein Kind konnte seinem Vater oder seiner Mutter sagen: »Ganz gleich, was du mir gegenüber denkst oder sagst, ich bin, wie ich bin. Liebe mich oder lass es. Ich steh zu mir – ich liebe mich!« So formten wir aus den negativen Rückmeldungen anderer unser eigenes negatives Selbstbild und verloren den Glauben an unsere Liebenswürdigkeit und unseren Selbstwert. Ja, die meisten von uns wurden auf diese Weise sich selbst gegenüber zum größten Kritiker, Richter und Feind.

AUCH WENN DAS MANCHE FÜR

überzogen halten: Jeder kann es in seinem Alltag testen. Wenn du erkennst, wie viel du an anderen Menschen auszusetzen hast, wie oft du dich über andere ärgerst und sie – meist im Stillen – kritisierst und verurteilst, desto größer muss die Ablehnung dir selbst gegenüber beziehungsweise dein Selbsthass sein. Denn wo sonst könnte die negative Ladung, der Ärger, die Wut oder gar der Hass herkommen, den andere in dir auslösen? Diese Gefühle müssen bereits in dir vorhanden gewesen sein und andere legen mit ihren Worten oder Handlungen nur ihre Finger in eine nie geheilte Wunde.

Auch wenn andere dich kritisieren, kannst du prüfen, wie sehr du dich selbst liebst oder ablehnst. Hiermit testest du das Maß deiner Selbstliebe. Trifft dich Kritik oder Zurückweisung innerlich, kannst du davon ausgehen, dass eine innere Stimme in dir sagt: »Er oder sie hat Recht. So ähnlich denke ich auch über mich.«

Je mehr wir andere kritisieren, verurteilen und etwas an ihrem Verhalten auszusetzen haben, desto mehr liegen wir mit uns selbst und dem Leben im Krieg. Das Kritisieren ist mittlerweile zu einer ausgewachsenen Massensucht geworden, ob in unseren Familien, an unseren Arbeitsplätzen oder in der Gesellschaft. Dabei bemerkt kaum einer, was er sich selbst damit antut, wenn er andere kritisiert. Wer an seinem Mitmenschen Kritik äußert, der ist noch nicht bereit, ihn verstehen zu wollen, beziehungsweise kann ihn noch nicht verstehen. Und er lenkt

sich von der Unliebe zu sich selbst, seiner eigenen Selbstablehnung und seinem Selbsthass ab.
Trifft dich etwas, was ein anderer zu dir sagt oder dir gegenüber tut, dann betrifft es dich auch. Solange du glaubst, der andere müsse sich erst ändern, damit du im Frieden mit dir sein kannst, täuschst du dich und wirst immer wieder enttäuscht werden. Es geht hier nicht darum, das vielleicht verletzende, lieblose oder gar gewalttätige Verhalten eines Mitmenschen auszuhalten oder zu dulden. Es geht um die Fragen, warum es dir geschieht und wie du innerlich darauf reagierst.

SOLANGE WIR UNSER WOHL- ODER GLÜCKLICHSEIN

vom Verhalten eines anderen abhängig machen, geben wir ihm Macht über uns. Solange wir glauben, das hätte er (dein Vater, Partner, Bruder, Chef, Kollege etc.) oder sie (deine Mutter, Schwester, Kollegin, Chefin, Partnerin etc.) nicht tun sollen, kämpfen wir gegen die Wirklichkeit oder das, was geschehen ist, an. Ganz gleich, ob du deine Nachbarn, die Männer oder Frauen, die Gesellschaft, Wirtschaft oder Politiker kritisierst, jedes Mal erzeugst und nährst du durch deine Kritik dein Bewusstsein vom ›ohnmächtigen Opfer‹. Das Kritisieren ist für viele schon zu solch einer Gewohnheit geworden, dass sie das Sinnlose daran gar nicht mehr erkennen.
Fang an, im Alltag genau hinzuschauen, wie du mit dir selbst umgehst, und darauf zu hören, was die Stimmen in dir über dich sagen. Als ob da jemand in deinem Kopf säße, wirst du Sätze hören wie: »Da habe ich wieder Mist gebaut!«, »Ich bin aber auch zu blöd!«, »Ich bring es einfach nicht!«, »Ich begreif das nie!« usw. Es ist sogar oft der gleiche Wortlaut, mit dem dich Vater, Mutter, Lehrer oder dein Bruder beziehungsweise deine Schwester kleingemacht haben.
Wofür wurdest du in Elternhaus und Schule kritisiert oder gar bestraft? Wofür wurdest du gehänselt, ausgelacht oder beschämt? Was hat man versucht, dir auszutreiben oder abzugewöhnen? Dieselben oder ähnliche Verhaltensweisen und Eigenschaften von damals kannst du

heute auf deiner eigenen Liste wiederfinden, die du selbst an dir und an anderen nicht magst oder gar hasst. Überprüfe es!

WEIL WIR SELBST DIESEN INNEREN KRITIKER

und strengen Richter durch unsere eigenen Gedanken erschufen und ihm den Auftrag gaben, uns herabzusetzen, können wir diese innere Stimme auch ändern und unseren Auftrag zurücknehmen, den wir ihm vor langer Zeit gegeben haben. Falls du dies tun willst, kannst du das mit der Meditation »Begegnung mit deinem inneren Richter« erreichen, die du auf Seite 35 runterladen kannst.

Diesem selbstkritischen Denken liegt folgender Gedanke zugrunde: »Ich muss mich anstrengen, perfekt zu werden, und darf keine Fehler mehr machen.« Denn das Kind von damals dachte: »Wenn ich erstmal perfekt bin, dann werde ich nur noch gelobt und nicht mehr kritisiert.«

Diesen Hang zum Perfektionismus können viele an sich im Alltag entdecken. Der innere Kritiker flüstert ihnen zu: »Du kannst dich doch so unperfekt, wie du bist, nicht lieben!« Und genau darum geht es, uns als wichtigsten Menschen in unserem Leben anzunehmen und lieben zu lernen. So, wie wir heute sind, mit allem an uns und in uns – und unsere bisher gefällten Urteile zurückzunehmen. Es geht darum, das scheinbar nicht Liebenswerte an uns jetzt lieben zu lernen. Sonst treten wir in unserer Entwicklung weiter auf der Stelle, drehen uns im Kreis und wiederholen ständig unsere schmerzhaften Mangelerfahrungen samt Enttäuschung und Verlust.

Das, was sich unser Verstand unter ›Perfektsein‹ vorstellt, ist etwas, was dem Sinn unseres Lebens vollkommen entgegensteht. Es ist ein Zustand, den wir in diesem Körper nicht erreichen können. Meine Wahrheit heißt: Wir sind von Natur aus vollkommene Wesen der Liebe. Daran kann und wird sich absolut nichts ändern, ganz gleich, welchen Lebensweg du gehst. Du bist unendlich liebenswert und wirst vom Leben selbst – nenne es, wie du willst, zum Beispiel ›Vater-Mutter-Gott‹ – unendlich geliebt. Allerdings haben wir vergessen, wer wir wirklich sind. Das war aber Teil des Plans unserer Seele, für die jede mit Emotionen verbundene Erfahrung hier als Mensch in diesem Körper von höchstem Wert ist. Wir sind vor allem hergekommen, um intensive emotionale Erfahrungen in der Welt scheinbarer Trennung, der scheinbaren Abwesenheit von Liebe mit anderen Seelen zu machen, die wir im Vollbewusstsein unserer ewigen, göttlichen Liebensnatur nicht erlebt hätten. Die Seele urteilt nicht in ›gut‹ oder ›schlecht‹, ›gelungen‹ oder ›versagt‹, ›Gewinner‹ oder ›Verlierer‹. Sie wertet nicht.

JETZT, IN DIESEN GROSSARTIGEN JAHREN

der Transformation des menschlichen Bewusstseins und damit der Menschheit, erinnern wir uns Schicht um Schicht wieder an unsere Ur-Natur und daran, dass die Liebe und das Lieben das einzig Entscheidende, die einzige Wirklichkeit ist. Und genau daran wirst auch du dich wieder erinnern, wenn du den Weg der Selbstliebe gehst, den dieses Buch beschreibt.

»Oft höre ich euch sagen, die Liebe sei blind, womit ihr meint, dass sie keine Fehler in dem Geliebten erkennen kann. Diese Art Blindheit ist der Höhepunkt des Sehens. Wäret ihr nur immer so blind, dass ihr nirgendwo einen Fehler erblicken könntet. Klar und durchdringend ist das Auge der Liebe. Darum sieht es keine Fehler. Wenn die Liebe euer Sehvermögen gereinigt hat, dann werdet ihr nichts mehr sehen, was eurer Liebe unwürdig ist. Nur ein der Liebe beraubtes Auge findet stets den Fehler. Welche Fehler es auch immer findet, es sind nur seine eigenen Fehler.«

MIKHAIL NAIMY, »DAS BUCH DES MIRDAD«

Je mehr
Druck
du dir machst,
desto schwerer
wird dein
Leben

NEBEN DEM INNEREN RICHTER

haben wir vor allem durch unsere vielen Gedanken wie »ich muss«, »ich müsste«, »ich hätte müssen« sowie »ich soll«, »ich sollte« und »ich hätte sollen« einen inneren Antreiber oder Druckmacher erschaffen. Bildlich gesprochen steht ein Sklaventreiber mit Peitsche hinter uns, der diese negativen Mantras wiederholt, uns hetzt, vorantreibt und nicht zur Ruhe kommen lässt – so lange wir ihn gewähren lassen. Dieser Antreiber arbeitet eng mit unserem inneren Richter zusammen und ist quasi sein ausführendes Organ. Auch er kann nur solange Leid erzeugen, wie wir ihn lassen und solche Gedanken des ›Müssens‹, ›Sollens‹ und ›Nichtdürfens‹ glauben. Und das ist eine Frage der Entscheidung. Dieser Antreiber – von unseren Gedanken am Leben gehalten – ist der große Druckerzeuger in uns, der die Grundlage für alle ›Druckkrankheiten‹ legt, angefangen bei der Migräne, über Bluthochdruck bis hin zum Bandscheibenvorfall. Wo Druck in unserem Geist herrscht, reagiert der Körper mit Symptomen des Drucks, der Enge, Spannung und Verhärtung. Denn die Materie folgt immer dem Geist und hat keinen eigenen Willen. Mach kurz die Augen zu und spüre beim Einatmen, wie viel Schwere du auf deiner Brust oder deinen Schultern spürst. Das, was hier draufliegt, hat niemand anders als du selbst durch Druck machende und Schwere erzeugende Gedanken und Überzeugungen erschaffen.

WO SPÜRST DU IN DEINEM KÖRPER

und in deinem Alltag Druck sowie Stress und bist nicht im Zustand innerer Gelassenheit, inneren Friedens und Vertrauens? Sobald du einen solchen Zustand bemerkst, empfehle ich dir, kurz innezuhalten, die Augen zu schließen und dich zu fragen: »Was und woran habe ich gerade gedacht?« Und ohne großes Suchen wird dir bewusst, welche Druck machenden Gedanken du dir gerade gemacht hast. Wenn du das öfter tust, wird dir der Zusammenhang zwischen deinen lieblosen

Gedanken und deiner inneren Unruhe immer deutlicher. Viele denken morgens oft: »Ich muss aufstehen!« Könnte die Wahrheit nicht heißen: »Ich will aufstehen. Denn ich will leben!« Anstelle von »Ich muss arbeiten« könnte ein anderer Gedanke lauten: »Danke, dass ich arbeiten kann und darf – und dass ich eine Arbeit habe.« Und anstatt zu denken »Ich muss die Erwartungen anderer erfüllen« (um geliebt zu werden), könnte ein neuer Gedanke, für den du dich entscheiden kannst, heißen: »Ich darf die Wünsche meines Herzens verwirklichen und ihm treu sein. Und zu anderen darf ich liebevoll ›Nein‹ sagen lernen, wenn sich etwas für mich nicht stimmig anfühlt.« Die Amerikanerin Byron Katie hat uns mit »The Work« eine wunderbar einfache Methode an die Hand gegeben, um uns aus dem Gefängnis unserer unwahren Überzeugungen zu befreien und zu unserer eigenen Wahrheit zu finden.

ÜBUNG

Unser innerer Antreiber

Schreibe dir alle Gedanken auf, in denen die Worte ›müssen‹ und ›sollen‹ vorkommen, und frage dich: »Ist dieser Gedanke wirklich wahr« und »Fühlt sich dieser Gedanke leicht, aufbauend und gut an?« Wenn die Antwort »Nein« lautet, dann mach dich auf die Suche nach der Wahrheit, die dein Herz schon lange kennt. Unser innerer Antreiber wartet darauf, dass wir ihn endlich in Rente schicken und ihm in einer inneren Begegnung unseren Auftrag entziehen. Wir dürfen und können unseren Weg freudig und leicht gehen, denn die Liebe kennt keinen Druck und kein ›Muss‹. Jeder Stress und jedes Druckgefühl ist unnatürlich und hausgemacht – und zeigt dir genau auf, wo du dich selbst noch nicht liebevoll behandelst.

Das Kind in dir – die Schlüsselperson für dein glückliches Leben

IN JEDER FRAU UND JEDEM MANN

ist genau das Kind aktiv, das wir einst waren. Es lebt nicht in unserem Fotoalbum, sondern in unserem Energiekörper und steuert uns vor allem, wenn wir uns nicht wohlfühlen. Es ist genau das Kind, das vor langer Zeit sein Herz für die Liebe zu sich verschloss, sich Angst und Druck erzeugende Gedanken zu eigen machte, die mit »ich muss, ich sollte, ich darf nicht, ich muss aufpassen, dass …« etc. begannen. Es ist das Kind, das gelernt hat, zu glauben, sein Glück hinge davon ab, es anderen Recht zu machen. Es ist das Kind, das lernte, dort »JA« zu sagen, wo es am liebsten »NEIN« gesagt hätte, es aber nicht durfte.

DIESES KIND

war von einem oder zwei Menschen abhängig. Und es benötigte zum Überleben zwei ›Nährstoffe‹: Erstens physische, materielle Nahrung und zweitens eine nichtphysische, feinstoffliche Nahrung und die hieß AUFMERKSAMKEIT. Ein Kind will berührt, gesehen, angesprochen und wichtig genommen werden. Es will nicht ignoriert, links liegen gelassen werden, sich überflüssig oder als Last empfinden. Es möchte das Gefühl haben, zu jemandem oder zu einer Gemeinschaft dazuzugehören. Aufmerksamkeit bedeutet Beachtung, Anerkennung, Bestätigung, Wertschätzung, Lächeln und Lob. All das gehört zu der Liebe, die sich jeder kleine Mensch von mindestens einem Menschen ersehnt und von der es ein Mindestmaß zum Überleben braucht. In der Regel sind das die Mutter und/oder der Vater, es könnte aber auch eine andere Person sein. Würde ein Baby nur mit physischer Nahrung versorgt, sonst jedoch nicht beachtet, würde es psychisch verkümmern und schließlich sterben.

Und ein Kind tut alles, um ein Maximum dieser Energie ›Aufmerksamkeit‹ zu bekommen. Es nimmt schon in den ersten Monaten sehr genau wahr, wann Mutter oder Vater ihm diese in möglichst positiver Form schenken, zu welchem Zeitpunkt sie lächeln, sich an ihm erfreuen und

Interesse an seinem Zustand zeigen. Bereits im ersten Jahr lernt es also, dass es etwas dafür tun muss, um diese lebensnotwendige Aufmerksamkeit zu bekommen, und dass es Liebe und Beachtung nicht umsonst gibt. Folgendes wird ihm beigebracht: »Wenn du brav, ruhig und pflegeleicht bist, uns keinen Ärger machst, dann lieben wir dich. Sonst nicht. Wenn du nachts durchschläfst und nicht so viel schreist, lieben wir dich mehr. Wenn du oft lächelst, machst du uns mehr Freude und wir belohnen dich dafür.« Das alles machen Eltern unbewusst. Sie wissen es nicht besser. Für die Begleitung (nicht ›Erziehung‹) eines Kindes braucht es bei uns keinen ›Elternführerschein‹. Viele glauben bis heute, dafür müsse man nicht besonders viel lernen, sondern nur ein wenig guten Willen haben. Darum wiederholen wir so vieles, was wir aus der eigenen Kindheit kennen, obwohl viele es doch ›ganz anders‹ machen wollten. Wir tun dies unbewusst, das heißt: Wir wissen oft nicht, was wir tun und damit in uns und anderen anrichten. Die Meditation »Liebevolle Begegnung mit dem Kind in dir« auf der beiliegenden CD (Track 2) kann dir helfen, das zu erkennen.

DURCH DIESES VERHALTEN

lernt jedes Baby sehr schnell, wann die Eltern liebevoll zu ihm sind – und wann nicht. Es passt sich in seinem Verhalten mehr und mehr ihren Erwartungen, Wünschen und Forderungen an. Und ihm wird beigebracht, all das an sich selbst abzulehnen, was auch die Eltern nicht gern an ihm sehen. Es lernt sich zu verstellen, so zu tun, als ob … ja, sich zu verbiegen und das zu verstecken, was die anderen und es selbst als ›nicht gut und wünschenswert‹ verurteilen. In den ersten Lebensjahren haben wir alle diesen so viel Leid erzeugenden Glaubenssatz verankert: »Liebe bekommt man nicht geschenkt. Liebe muss ich mir verdienen – durch Anpassung, Verstecken, Verstellen; später durch Fleiß, Helfen oder Aufopfern. Um geliebt zu werden, muss ich die Wünsche und Erwartungen anderer erfüllen. So wie ich bin, werde ich nicht geliebt. Und so wie ich bin, kann ich mich selbst auch nicht lieben.«

Was ist unser ›Energiekörper‹ ?

Er ist ein für die Augen nicht sichtbarer feinstofflicher Körper (im Gegensatz zu unserem grobstofflichen physischen Körper), der circa 50–60 cm weit über unseren physischen Körper hinausgeht, ihn umhüllt und vollkommen durchdringt. Man nennt ihn unter anderem auch ›ätherischen Körper‹ oder ›Vitalkörper‹. Ohne diesen feinstofflichen Körper wäre unser physischer Körper nicht überlebensfähig. Über ihn empfangen wir die Energien, die unser physischer Körper zum Leben benötigt. Materie allein existiert nicht, sie ist immer von einem feinstofflichen Energiekörper umgeben und durchdrungen, so etwa auch ein Baum, ein Fels, eine Blume oder ein Tier. Feinstoffliche Energien sind zum Beispiel unsere Gedanken, Gefühle, Empfindungen oder die Impulse und die Liebe unseres Herzens. All das ist für unsere Augen nicht sichtbar und dennoch völlig real, denn jeder Mensch kann sie wahrnehmen.

Deshalb beginnt jedes Kind schon früh, sein Herz für die Liebe zu sich selbst zu verschließen und sich zu verurteilen. Selbst ein Kind, das geschlagen wird, lernt zu glauben, dass mit ihm etwas nicht stimme, nicht in Ordnung sei. Und Kinder zu schlagen ist nichts, was der Vergangenheit angehört: Laut »Deutschem Kinderschutzbund« wird schätzungsweise in einem Drittel aller Familien bis heute Gewalt gegen Kinder ausgeübt.

Dieses Kind, das du warst, existiert heute immer noch. Es ist höchst lebendig in dir und steuert dich – Mann oder Frau – immer dann, wenn etwas in deinem Alltag geschieht, was dich an ein Gefühl oder eine ungeheilte Wunde aus deiner Kindheit erinnert. Solltest du ein glücklicher Mensch werden wollen, dann ist dieses Kind in dir DIE Schlüsselperson, die auf dich wartet. Du kannst diesem Kind heute all das geben, was deine Eltern ihm nicht geben konnten, das bedeutet: Du selbst kannst heute zugleich Vater und Mutter dieses Kindes werden.

ANLEITUNG ZUR SELBSTERFORSCHUNG

Wodurch hast du dir Liebe, Lob und Anerkennung verdient?

Kinder und Jugendliche ›holen‹ sich überlebenswichtige Energien, indem sie die Aufmerksamkeit eines Menschen (Mutter, Vater, Oma, Opa, Erzieher, Lehrer etc.) auf sich ziehen – entweder positiv oder negativ. Denn ein Kind, das ausgeschimpft oder bestraft wird, erhält ebenfalls Energie, und zwar weitaus mehr als ein Kind, das ignoriert oder wie Luft behandelt wird.

Welche der folgenden Strategien hast du in deiner Kindheit angewendet, um dir Aufmerksamkeit von deinen Eltern zu holen? Und welche wendest du auch heute noch bei deinem Partner, Vorgesetzten oder deinen Freunden an?

1. Anpassung: Brav, lieb, nett, pflegeleicht, unauffällig sein. Die Wünsche und Erwartungen der anderen erfüllen, um geliebt zu werden oder nicht anzuecken, nicht unangenehm aufzufallen und Konflikte zu vermeiden.
2. Leistung: Viel leisten, fleißig sein, sich anstrengen und nützlich zeigen, um in den Augen der anderen etwas zu gelten und gelobt zu werden.
3. Helfertum: Andere retten, ihnen helfen, sie trösten, aufmuntern und sich für sie aufopfern und bemitleiden.
4. Krank werden (um ein krankes Kind kümmert sich die Mutter mehr als um ein gesundes): Krankheit schafft Aufmerksamkeit und Zuwendung.
5. Rebellieren: »Nein« sagen und gegen etwas ankämpfen. Auch auf diese Weise erhält man Aufmerksamkeit und steht im Mittelpunkt.

6. Sich verstellen, Rollen spielen: Lächeln, wo es nichts zum Lachen gibt. Zeigen, was gut ankommt, und verstecken, was die anderen von dir nicht sehen/hören sollen. Immer nur seine ›Schokoladenseite‹ präsentieren.

So sinnvoll diese Strategien aus Kindersicht sind, weil sie Lob, Zuwendung und Aufmerksamkeit bringen, so kontraproduktiv wirken sie bei Erwachsenen, denn auf Dauer führen sie zu Enttäuschung, Frustration, Entfremdung und Leid. **Überprüfe bitte, welche dieser Aufmerksamkeitsstrategien du auch heute noch anwendest, um von anderen gemocht beziehungsweise geliebt – oder um nicht kritisiert und abgelehnt zu werden.**

Als erwachsener Mensch brauchst du die Energie der Aufmerksamkeit anderer NICHT MEHR zum Überleben. Natürlich freut sich jeder, wenn anderen das gefällt, was man tut oder wie man ist. Aber welchen Preis willst du dafür zahlen? Willst du dich dafür weiter verstellen, verbiegen und dein Herz verraten? Jetzt dürfen wir lernen, uns selbst die Aufmerksamkeit, Liebe, Anerkennung zu schenken, die wir früher von Mutter und/oder Vater benötigten.

Warum sich Erwachsene oft wie Kinder verhalten

WIE REAGIERST DU INNERLICH,

wenn du liest, in mir gibt es ein Kind? Viele lehnen diesen Gedanken ab und sagen: »Ich bin doch kein Kind mehr!« Nein, das bist du nicht, aber wenn du dich im Alltag nur ein wenig beobachtest, wirst du feststellen, dass du dich in bestimmten Situationen genau wie ein Kind verhältst. Bei anderen, unserem Partner oder bei Kollegen am Arbeitsplatz, können wir das oft besser erkennen als bei uns selbst. Erscheint dir deine Firma oder die Organisation, in der du arbeitest, nicht manchmal wie ein Kindergarten? Und reagiert dein Mann nicht manchmal wie ein trotziger, bockiger kleiner Junge oder deine Frau wie ein kleines beleidigtes, schmollendes, wütendes oder nörgelndes Mädchen?
Es klingt paradox: Aber falls wir wirklich erwachsen werden wollen, dürfen wir unsere Augen und unser Herz für das kleine Kind in uns öffnen, in dessen Verhaltensmuster und Gefühle wir oft zurückfallen, sobald uns jemand kritisiert oder unsere Erwartungen nicht erfüllt. Wenn wir wütend werden, uns hilflos fühlen, Angst bekommen oder traurig sind, neidisch oder eifersüchtig auf einen anderen Menschen werden oder irgendein anderes unangenehmes Gefühl uns überkommt, dann ist dies ein Gefühl, das du aus deiner Kindheit kennst und immer wieder verdrängst beziehungsweise dich oft davon abgelenkt hast. In genau diesen Situationen meldet sich das Kind in uns mit diesen Gefühlen zu Wort – und wir verhalten uns dann meistens wie ein Kind.

WIE KOMMT ES,

dass dieses Kind oft so viel Macht über uns hat, wenn wir uns von unseren Gefühlen zu Sätzen und Handlungen hinreißen lassen, die wir später oft bereuen beziehungsweise uns leidtun? Weil wir dieses Kind in uns nicht wahrnehmen, annehmen, lieben und unsere Verantwortung für seinen Zustand und seine Gefühle nicht übernehmen. Zum wirklichen Erwachsenwerden gehört, dass wir uns entscheiden, unsere Eigenverantwortung für unser Leben und unser Lebensglück zu übernehmen, die in den ersten 15 und mehr Jahren unsere Eltern für uns trugen. Diesen Schritt haben die wenigsten von uns bisher bewusst gemacht. Im Gegensatz zu allen Naturvölkern gibt es in unserer westlichen Kultur keine Einführung (›Initiation‹) in das Bewusstsein und in die Selbstständigkeit eines Erwachsenen, keine Zeitspanne und keine Rituale, in denen der heranwachsende Junge und das Mädchen die Verantwortung für sich selbst Schritt für Schritt übernehmen und lernen, was es konkret heißt, für sich und all seine Schöpfungen verantwortlich zu sein, ganz für sich selbst einzustehen und gut für sich zu sorgen. Entweder belassen wir die Verantwortung unbewusst bei den Eltern und denken »Ich habe ja immer noch meine Eltern, falls was ist« oder wir übertragen die Verantwortung für das eigene Glück auf unsere Mitmenschen, besonders gern auf unsere Partner. Sehr viele Frauen und Männer meinen: »Er beziehungsweise sie kann und soll mich glücklich machen.« Wir erwarten von unserem Lebenspartner oft das, was wir bisher von den Eltern erhielten und von dem wir glauben, es uns selbst nicht geben zu können; oder das, was unsere Eltern uns nicht geben konnten. Er/sie soll das kleine Mädchen beziehungsweise den Jungen in uns bitte schön glücklich machen. Darum ähneln viele Paarbeziehungen heute einem Vater-Tochter- beziehungsweise Mutter-Sohn-Verhältnis.

Und ebenso schieben wir die Verantwortung für unser Wohlergehen auf ›die da oben‹ an unseren Arbeitsplätzen, auf unsere Vorgesetzten ab: Von denen erwarten wir, dass sie uns Aufmerksamkeit, Anerkennung, Lob und Bestätigung schenken, während wir selbst uns diese vorenthalten oder glauben, sie uns nicht geben zu können. Das kann nicht funktionieren und führt zu der weitverbreiteten Ablehnung unserer Führungskräfte in Wirtschaft und Politik. So wie die meisten mit ihren Eltern nicht in Frieden sind, verurteilen die meisten ihre Vorgesetzten und ebenso die Vertreter von ›Vater Staat‹. Die Leistungen von Politikern und Vorgesetzten würdigen die meisten Menschen ebenso wenig wie die Leistungen ihrer Eltern.

Es sind die Sehnsüchte, die Wünsche und Erwartungen der Kinder in uns, die wir damals an unsere Eltern hatten und heute unbewusst auf andere übertragen. Da unsere Eltern sich selbst aber kaum liebten, sondern sich verurteilten, konnten sie uns auch nur ein begrenztes Maß an Liebe und Aufmerksamkeit schenken. Heute gibt es jemanden, der dem Kind in dir viel mehr, ja alles schenken kann, was das kleine Mädchen beziehungsweise der kleine Junge in dir sich wünscht: DIESE PERSON BIST DU SELBST.

Du darfst jetzt deine Verantwortung und Macht über dein Leben, seine Qualität und das Lebensgefühl des Kindes in dir übernehmen. Zum wirklichen Erwachsenwerden gehört es, sich selbst und sein inneres Kind lieben zu lernen und seine gesamte Verantwortung für sein Lebensglück zu übernehmen. Wenn du dich selbst lieben und glücklich machen willst, dann entscheide dich, das Kind in dir mit all seinen Gefühlen und Gedanken, seiner Lebenslust und Traurigkeit, seiner Wut und seinem Schmerz, aber auch mit seiner Neugier, Spontaneität und Kreativität kennen, annehmen, lieben und nähren zu lernen. Du kannst dich heute entscheiden, zu Mutter und Vater des Kindes in dir zu werden und es glücklich zu machen. Denn du hast in dir ein Herz, das lieben kann und will. Dein Herz ist ein Generator für Liebe, es kann die Energie ›Liebe‹ erzeugen, wie ein Generator elektrischen Strom produzieren kann. Wenn du beginnst, diese Liebe deinem inneren Kind zu schenken, machst du dir selbst das größte Geschenk deines Lebens.

SCHLÜSSELSATZ

Entscheidung zum Glück

Entscheide dich, dir ab jetzt all das selbst zu schenken, was du bisher – meist unbewusst – von anderen erwartet hast. Entscheide dich, dich selbst glücklich zu machen und zu Vater und Mutter des Kindes in dir zu werden und es mehr und mehr lieben zu lernen. Deine Eltern haben ihren ›Job‹ so gut gemacht, wie sie konnten. Jetzt bist du dafür zuständig, für dich und damit für das Kind in dir sehr gut zu sorgen. Du selbst kannst dir heute all das geben, was deine Mutter und dein Vater dir damals nicht geben konnten. Hierbei hilft dir die erste Meditation (Track 2) aus der dem Buch beiliegenden CD »Liebevolle Begegnung mit dem Kind in dir«.

Was tust
du bis heute,
um von
anderen
geliebt zu
werden?

AUF DEM WEG ZUR SELBSTLIEBE

ist dies eine der Kernfragen: Was tust du bis heute, um von anderen geliebt zu werden? Bist du so mutig, dir selbst eine ehrliche Antwort darauf zu geben? Als Kind lernen wir so gut wie alle, uns innerlich zu verbiegen, weil wir uns nach Liebe, Anerkennung, Wertschätzung sehnen und sie auch brauchen. Ein Kind kann noch nicht sagen: »Denkt über mich, was ihr wollt, ich stehe zu mir und ich liebe mich so, wie ich bin!« Uns allen wurde beigebracht, unser Herz zu verraten und Dinge zu tun, die nicht unserer Wahrheit entsprechen. Diese Erkenntnis mag schmerzhaft sein, aber wir dürfen und können uns dies verzeihen und uns heute für Wahrhaftigkeit und Treue zu unserem Herzen entscheiden.

WO LEBST DU NOCH HEUTE

gegen die Wahrheit deines Herzens und betrügst dich (unbewusst) selbst? Wie oft sagst du »Ja«, obwohl dein Herz meint: »Das stimmt doch gar nicht. Das willst du doch eigentlich nicht!«? Was tust du alles für andere, nicht weil es dir große Freude bereitet, sondern damit sie gut über dich denken, dich lieben oder zumindest nicht zurückweisen oder kritisieren? Es ist das Kind in uns, das große Angst vor Liebesentzug, Kritik und Ausgrenzung hegt und es deshalb anderen unbedingt Recht machen will. Aber dies ist und bleibt Selbstbetrug (und zugleich ein Betrug am anderen), der uns im Leben oft widergespiegelt wird, indem wir von anderen betrogen, verraten oder verlassen werden. Nicht nur, was du über dich denkst, sondern auch die Art und Weise, wie du dich selbst behandelst, ist für andere letztendlich eine Aufforderung, dich genauso zu behandeln. Wer sich selbst nicht liebt, der wird auf Dauer nicht geliebt; wer sich selbst innerlich verlässt und seine Wahrheit nicht lebt, der wird verlassen, und das nicht selten mit dem bitteren Gedanken: »… und das nach allem, was ich für ihn/sie getan habe.«

Forsche bitte genau, was du im Privaten wie im Beruflichen tust, was nicht deiner tiefsten Wahrheit entspricht, was du nicht aus Freude machst, sondern »um … zu …«. Hast du zum Beispiel nur dann Sex mit deinem Partner, wenn du selbst große Lust verspürst oder weil du es als eine Verpflichtung ansiehst und dich nicht traust, »Nein« zu sagen? Bist du gern für andere da und betrachtest all das, was du für sie tust, als ein Geschenk, das dir selbst Freude macht und mit dem du dich auch selbst beschenkst? Oder führst du innerlich insgeheim ein Schuldbuch, in dem ›Geben‹ und ›Nehmen‹ wie Soll und Haben bilanziert werden und deine geheimen Forderungen (»sie SOLLten«) an Partner, Kinder, Geschwister, Eltern, Schwiegereltern, Freunde aufgelistet sind? Bist du aus ganzem Herzen, mit Freude und einem großen JA bei deiner Arbeit oder denkst du: »Ich muss arbeiten. Ich muss für meine Familie sorgen. Ich hab ja keine Wahl!«?

Hast du Freude und Lust am Leben?

Dein Kopf wird vielleicht sagen: »Aber man kann doch nicht alles mit Freude machen! Es gibt doch vieles, was einem keine Freude bereitet.« Bitte setze hinter solche Gedanken ein großes Fragezeichen. Entsprechen sie wirklich der Wahrheit? Oder ist das nur die Art und Weise, wie wir gelernt haben, zu denken und zu leben? Die Kernfrage dahinter heißt: Habe ich Freude an mir und meinem Leben? Lebe ich gerne als Frau oder Mann in diesem Körper? Habe ich Lust darauf, mein Leben zu leben, und betrachte ich das Leben selbst als ein großes Geschenk? Sobald wir anfangen, uns selbst und das Leben zu lieben, bekommt alles, was wir tun, eine andere Färbung und einen neuen Klang. Dann leben und arbeiten wir nicht mehr, um dadurch dies und jenes zu erreichen, sondern weil uns dieses Leben und Arbeiten selbst etwas gibt – auch wenn wir anderen damit etwas Gutes tun. Auf das wahre Motiv kommt es an, das uns oft nicht bewusst ist.

Vielleicht wird dein Verstand ängstlich fragen: »Was werden die anderen sagen, wenn ich plötzlich anfange, nach meinem Herzen zu leben, und nicht mehr zu allem ›Ja und Amen‹ sage?«
Ja, sie werden darauf reagieren und nicht immer erfreut sein, weil sie sich gut und gerne daran gewöhnt haben, dass du so gut ›funktionierst‹ und ihre Erwartungen und Forderungen erfüllst – genauso wie du es damals bei Papa und Mama gemacht hast. Und der eine oder andere wird sagen: »Jetzt spinnt sie (oder er)« und wird es dich spüren lassen, dich für deinen neuen Weg kritisieren, dir weniger Wertschätzung oder Liebe entgegenbringen oder dir den Rücken kehren.
Es ist die Aufgabe unserer Mitmenschen, uns zu testen, wie es um unsere Selbstliebe steht und wie ernst es uns damit überhaupt ist. Das tun sie unbewusst und gleichzeitig mit dem Bewusstsein ihres inneren kleinen Kindes und das ist ein wichtiger und guter Test für uns. Frage dich selbst:

- Liebe ich mich auch dann, wenn andere mich nicht lieben?
- Stehe ich zu mir selbst, sage und lebe ich meine Wahrheit, auch wenn andere das nicht gut finden und mir Egoismus vorwerfen?

Genau das ist der Zeitpunkt, um die Selbstliebe einem praktischen Test zu unterziehen – sobald uns andere Menschen ihre Liebe entziehen, wir alleingelassen und kritisiert werden.
Erst wenn du beginnst, für dich selbst und deinen ganz eigenen Weg Achtung, Respekt und Liebe zu empfinden und sie dir zu schenken, folgst du immer mehr der Wahrheit deines Herzens und andere können anfangen, dich zu achten und zu respektieren. Solange wir unser Herz verraten und gegen seine Wahrheit leben, laden wir andere ein, uns auszunutzen, zu manipulieren und zu erpressen – ganz nach dem Motto: »Erfüllst du nicht meine Erwartungen und Wünsche, dann liebe ich dich nicht mehr, bin ich nicht mehr dein Freund oder Partner.«
Erst wenn ich mich für die Liebe zu mir selbst entscheide, zeigt sich, wer mich wahrhaft liebt. Dann trennt sich die Spreu vom Weizen.

DAS IST OFT EINE SCHMERZHAFTE ERFAHRUNG,

aber dieser Schmerz ist das Tor in deine Freiheit. Verurteile nicht diejenigen, die ihn auslösen, die dich kritisieren, sobald du beginnst, dich selbst wichtig zu nehmen und gut für dich zu sorgen. Sie leben noch im Bewusstsein des Kindes, das schon bei Vater und Mutter mitbekommen hat, dass Liebe ein Tauschhandel von Geben und Nehmen ist. Wo aber gefordert wird, ist es keine Liebe. Denn die Liebe fordert nicht, sie schenkt ohne Erwartungen, einfach weil ihr das Schenken Freude macht. Die Liebe kennt kein ›Geben und Nehmen‹, sondern nur ein Beschenken und Sich-Beschenken-Lassen.

Solange wir uns die Liebe
von einem anderen Menschen wünschen,
wir aber (noch) nicht gelernt haben,
sie uns selbst zu schenken,
führt uns das Leben in Krisensituationen und
wirft uns auf die Beziehung zu uns selbst zurück,
die wir bisher noch nicht
mit voller Liebe und bewusst leben.

Was
du bisher
an dir
ablehntest,
will jetzt von
dir geliebt
werden

UM GELIEBT ZU WERDEN

in unserer Kindheit und die notwendige Nahrung ›Aufmerksamkeit‹ in Form von Liebe, Lob, Anerkennung, Bestätigung, Wertschätzung zu erhalten, mussten wir vieles an uns verstecken, was wir nicht sein durften und sollten. Wir lernten zu glauben, dass viele Seiten und Eigenschaften an uns nicht liebenswert seien. Wir sollten brav und pflegeleicht sein, aber nicht wild und aufmüpfig. Wir sollten leise, aber nicht laut, ehrlich und nicht unehrlich, fleißig und nicht faul, großzügig und nicht missgünstig, mutig und nicht ängstlich, stark und nicht schwach sein und vieles andere mehr. So lernten wir allerhand an uns abzulehnen, was wir aber doch auch hin und wieder waren (und sind) und was wir sogar an unseren Eltern entdeckten.

DIE MEISTEN DENKEN BIS HEUTE,

es sei doch in Ordnung, Kindern zu vermitteln, dass sie eine ›böse‹ und eine ›gute‹ Seite in sich hätten und das so genannte Böse und Schwache bekämpft und möglichst ausgemerzt werden müsse. Manchen klingt noch der Satz in den Ohren »Du willst doch kein böses Mädchen / kein böser Junge sein, oder …?« Ich bin keineswegs gegen eine Erziehung, in der das Gute und die Liebe im Menschen gefördert, dem Kind aber auch liebevoll klare Grenzen gesetzt werden. Allerdings wird das Gute nicht dadurch gefördert, indem das nicht Erwünschte unterdrückt, abgelehnt und bestraft wird. Paradoxerweise führt dies schließlich dazu, dass sich Menschen später selbst und anderen gegenüber besonders lieblos, hart und ohne Mitgefühl zeigen. Ja, dass junge Menschen aus ganz ›normalen‹, bürgerlichen und unauffälligen Elternhäusern sich für Gewalt gegenüber anderen entscheiden, weil sie nie lernten, ihre Verantwortung für ihren Wut und ihren Hass auf sich selbst und für ihre Ohnmacht und Kleinheitsgefühle zu übernehmen und diese in Liebe und Mitgefühl zu sich selbst zu verwandeln. Sehr viele Menschen lieben sich nicht, weil sie lernten, dass vieles an ihnen nicht liebenswert sei.

Wollen wir ein Leben in Frieden und Freude, in Liebe zu uns und unseren Mitmenschen erschaffen, dürfen wir heute damit beginnen, unser Herz für die in uns abgelehnten Seiten zu öffnen, sie anzunehmen, zu lieben und hierdurch zu verwandeln.

Denn alles, was wir an uns ablehnen, geht in unseren ›Untergrund‹, sozusagen auf Tauchstation in unserem Unbewussten, um in Situationen, in denen unsere Erwartungen und Wünsche nicht erfüllt werden, in denen wir uns abgelehnt fühlen oder nicht geliebt werden, wieder an die Oberfläche zu kommen und unser Verhalten zu steuern. Alles, was wir ablehnen, zu dem wir »Nein« sagen – obwohl es doch schon in uns ist –, kann nicht einfach verschwinden. Ganz im Gegenteil: Unsere Ablehnung gibt dem Abgelehnten letztendlich mehr Energie und verstärkt es. Es bekommt hierdurch Macht über uns und steuert unser Verhalten im Alltag.

Die Wahrheit ist, dass wir immer beides sind: Wir sind stark und auch schwach, mutig und auch ängstlich, ehrlich und auch unehrlich, friedlich und auch aggressiv. Erst wenn wir uns dies mutig und ehrlich eingestehen, können wir uns dem bisher Abgelehnten mit Liebe zuwenden, es annehmen und liebend verwandeln lernen. Dies gelingt nicht allein über den Verstand, sondern über das Herz und das bewusste Aufspüren all der Gefühle, von denen wir hörten, sie seien ›schlecht‹ und nicht liebenswert, wie Ärger, Wut, Hass, Ohnmacht, Angst, Trauer, Neid, Eifersucht, Scham und Schuld.

Diese Gefühle sind unsere eigenen Schöpfungen, ich nenne sie gern unsere ›Babys‹. Wir selbst haben sie zum großen Teil durch unwahre, verurteilende Gedanken erzeugt. Sobald ich denke »Ich bin nicht liebenswert«, ruft dies Scham, Trauer und Minderwertigkeitsgefühle in mir hervor. Sätze wie »Ich habe versagt« oder »viele Fehler gemacht« verursachen Schuldgefühle und ein schlechtes Gewissen. Diese ›Gefühlsbabys‹ wünschen sich von uns genau das, was sich ein wirkliches Baby wünscht: Sie sehnen sich nach Annahme und Liebe. Sie wollen nicht zurückgewiesen, unterdrückt und bekämpft werden. Sie wollen bewusst und bejahend gefühlt werden und können hierdurch in Fluss kommen und sich in Freude verwandeln. Mich selbst lieben zu lernen heißt, all das in mir und an mir anzunehmen und zu lieben, was ich bisher nicht geliebt, abgelehnt und verurteilt habe – ganz besonders meine unangenehmen Emotionen und körperlichen Empfindungen.
So zeigt auch die Empörung vieler ›Wutbürger‹, die sich in Europa im drastischen Erstarken rechtskonservativer Parteien ebenso bemerkbar macht wie im blanken Hass auf Fremde und Flüchtlinge, in Brandsätzen auf Asylantenheime, wie sehr frühkindliche Gefühle wie Angst, Neid und Ohnmacht in diesen Menschen seit Langem schlummern. Es ist die Angst vor Veränderung, die Angst, etwas zu verlieren, der Neid auf andere, die mehr haben, und das Gefühl, keine Macht zu haben und anderen ausgeliefert zu sein. Solange wir unsere Schöpfermacht zur bewussten Gestaltung und Pflege unseres Innenlebens nicht übernehmen, solange wir unsere Macht ablehnen, wählen wir das Gegenteil: uns machtlos zu fühlen. All diese Gefühle (Angst, Wut, Scham etc.) bekommen erst durch deine Ablehnung, dein »Nein, ich will das nicht fühlen!« Energie und Macht. So werden sie verstärkt und können nicht gehen oder sich ändern. Was wir ablehnen, das ermächtigen wir und kann sich deshalb nicht verändern. Erst wenn wir das Abgelehnte annehmen und lieben lernen, kann es sich durch unsere Liebe verwandeln. Die Liebe ist zusammen mit dem bejahenden Fühlen DER ›Transformator‹, also die entscheidende, verwandelnde Kraft.

ANLEITUNG ZUR SELBSTERFORSCHUNG

Was lehnst du alles an dir ab?

Welche Eigenschaften und Verhaltensweisen, welche Seiten an dir lehnst du bis heute an dir ab und verurteilst sie? Wie willst du nicht sein? Zum Beispiel aufbrausend/jähzornig, undiszipliniert, unordentlich, faul, langsam, unentschlossen, schwach/hilflos, ohnmächtig, beleidigt, jammernd, besserwisserisch, arrogant, gutgläubig/naiv, unsportlich, neidisch, missgünstig, eifersüchtig, ängstlich, leicht zu verunsichern, ehrgeizig, selbstkritisch, pessimistisch, hartherzig, gierig, egoistisch usw.

Spüre bei jedem dieser Punkte, was du an dir selbst oder an anderen ablehnst, welcher ›negativ‹ aufgeladen ist und was du nicht sein willst. Und erinnere dich, wo du diese Eigenschaft oder Verhaltensweise anderen oder dir selbst gegenüber gezeigt hast. Schließe die Augen und sieh dich noch einmal in jener Situation und fühle, was du in diesem Augenblick gespürt hast. Formuliere beziehungsweise vervollständige Sätze wie ...

- »Ich mag es gar nicht, wenn ich mich ... fühle.«
  (wütend, ängstlich, eifersüchtig, traurig, deprimiert, unsicher, verwirrt, ohnmächtig ...)
- »Ich sollte nicht so ... sein.«
  (aufbrausend, ungeduldig, wankelmütig, nervös, unentschlossen, unordentlich, undiszipliniert, verletzt ...)
- »Ich mag mich nicht, wenn ich anderen gegenüber so ... bin.«
  (schüchtern, verschlossen, gehässig, angepasst, sprachlos, machtlos ...)
- »Ich hasse mich, wenn ich spüre, wie ... ich bin.«
  (schwach, unsicher, unbeweglich, ungebildet ...)
- »Ich schäme mich, wenn ich entdecke, wie ... ich bin.«
  (arm, ungeschickt, naiv, unattraktiv, erfolglos ...)

Durch unsere
›schwachen‹
Seiten
zu wahrer
Stärke
gelangen

MÄNNER UND FRAUEN

haben fast alle gemeinsam, dass sie ihre ›schwachen‹ Seiten ablehnen und so gut es geht verstecken. Männer haben schon früh gelernt, dass ein richtiger Junge und ein Mann keine Schwäche zeigen darf und fast alle Gefühlsäußerungen Zeichen von Schwäche seien (außer Freude und Wut). Und die meisten Frauen haben sich in ihrer Jugend oder später entschieden, anders sein zu wollen als ihre Mütter, deren Schwäche (ihr Jammern, Leiden, Aufopfern, Kranksein und Abhängigsein etc.) sie zutiefst ablehnten. Denkt es auch in dir noch: »Ich darf nicht schwach sein!« oder »Ich will stark sein, aber nicht schwach!«?

SOLANGE WIR VIELES AN UNS ABLEHNEN,

das wir pauschal als ›schwach‹ bezeichnen, verbauen wir uns den Weg zu wahrer Stärke und Kraft im Leben. Stärke und Schwäche sind in Wahrheit keine Gegensätze, sondern gehören zusammen und zu uns. Jeder Mensch, auch der stärkste, kennt Phasen der Schwäche und Gefühle, die wir als ›schwach‹ verurteilen, wie zum Beispiel Angst, Kleinheit, Zweifel, Ohnmacht, Scham, Schuld und andere. Wer das alles an sich ablehnt und nur stark sein will, der kann das sicherlich ein paar Jahre, eventuell sogar Jahrzehnte praktizieren und sein ›Schwaches‹ verdrängen und verleugnen – er kann sich zusammenreißen, kämpfen und durchhalten.
Aber irgendwann wird er vom Leben in eine Position der Schwäche hineingezwungen, sei es durch Krankheit, Unfall, Erschöpfung, Burnout oder durch langjährige Bettlägerigkeit am Ende seines Lebens. Das, was wir ablehnen, was doch auch in uns ist und zu uns gehört, dem geben wir durch unsere Ablehnung Macht und werden so in den bisher abgelehnten Pol hineingezwungen.
Dies bewirkt das natürliche Gesetz der Balance, das immer nach einem gewissen Ausgleich zwischen zwei natürlichen Polen strebt. So wie es Unsinn wäre zu sagen, ich atme nur ein, aber nicht aus, so unsinnig ist

es, nur stark, aber nicht schwach, nur mutig, aber nie feige, nur fleißig und nie faul sein zu wollen.

Nur der Mensch ist ein wirklich starker Mensch, der gut im Leben steht, der auch schwach sein darf, ein offenes Herz für seine schwachen Seiten hat und sagt: »Ich bin stark UND ich darf auch schwach sein!«

Und die Liebe zu uns selbst ist am meisten in Phasen und Situationen gefragt, in denen es uns nicht gut geht, wir uns einsam, ohnmächtig, hilfsbedürftig, ängstlich fühlen und nicht wissen, wie es weitergehen soll. Schwach sein dürfen heißt auch, jemanden um Unterstützung zu bitten, um ein offenes Ohr, sich Hilfe zu holen, sei es von einem Freund oder einer Freundin, seinem Partner beziehungsweise seiner Partnerin oder einem Therapeuten oder Coach.

GEHT ES DIR NICHT GUT

und du steckst in einer Krise, dann lege im Geist den Mantel des Vertrauens um dich und halte dein Herz für die Liebe zu dir selbst offen. In unseren dunklen Zeiten wissen wir oft nicht, wozu es gut sein soll, dass wir Schmerzen haben, uns verlassen und einsam fühlen oder warum uns dieser oder jener Schicksalsschlag trifft. In diesen Situationen fragt dich das Leben: »Und? Liebst du dich auch jetzt, in deinem Schmerz?«

Solange es uns gut geht, interessiert uns das Wort ›Vertrauen‹ nicht einmal. Aber wenn wir nicht weiterwissen und es scheint, wir stecken fest in einem ›Problem‹, können wir uns dennoch trauen zu vertrauen, dass in dieser Erfahrung ein Sinn, eine Bedeutung, ja ein Geschenk steckt, das der Verstand (in dieser Phase) nicht erkennen kann.

Sage dir in solchen Situationen, in denen vielleicht keiner für dich da ist und du dich ungeliebt fühlst: »Ich habe immer noch mich selbst, und das ist das Wichtigste. Ich nehme mich selbst in die Arme und schenke mir Liebe, Geduld und Zärtlichkeit.« All das, was du dir von einem dich liebenden Menschen wünschst. Du kannst dir in diesen Momenten geben, was du bisher von einem guten Freund oder einem Partner erwartet hast.

Öffne Geist und Herz für die Gewissheit,
dass du unendlich liebenswert bist
und du vom Leben, von Vater-Mutter-Gott und
unzähligen geistigen Begleitern und Engeln
an deiner Seite unendlich geliebt wirst,
selbst wenn dein Kopf bisher nicht an so etwas glaubt.

Dass dies wahr ist, wirst du erfahren und spüren, sobald du dich selbst so annimmst und liebst, wie du dich in schwierigen Situationen fühlst. Unsere schwachen Seiten machen uns keine ›Probleme‹, wie wir zu denken gelernt haben, sie sind in Wahrheit die Tür zur wirklichen Stärke. Sobald du also anfängst, dein Herz für alles Abgelehnte und Schwache an und in dir zu öffnen, es als im Moment zu dir gehörig anzunehmen – indem du dich bewusst allem Schwachen, wenn es sich zeigt, besonders den Gefühlen, die wir gewöhnlich als ›negativ‹ bezeichnen, zuwendest –, gehst du schon die ersten Schritte in ein neues und wahrhaftes Starksein.

DIE MENSCHEN, DIE SO TUN,

als seien sie stark, die anderen ein Selbstbewusstsein vorspielen, sind nur pseudostark. In Wahrheit sind sie schwach und ihre aus ihrem Bewusstsein ausgegrenzte Schwäche wird sie zu gegebener Zeit einholen und sie werden sich ihr ohnmächtig ausgeliefert fühlen.
Sage zu dir selbst: »Ich bin stark und ich erlaube mir, auch schwach zu sein. Ich muss nicht in jeder Situation stark sein. Ich muss und will mich nicht verstellen.«

Sobald wir keine Angst mehr vor Situationen haben, in denen wir uns schwach, hilflos, ohnmächtig oder verzweifelt fühlen, sondern ein tiefes Vertrauen in uns spüren, dass uns das Leben trägt und unterstützt, wenn wir in der Liebe zu uns stehen, dann haben wir echtes Starksein erreicht. Unsere Schwächen wollen uns also zu wahrem Starksein im Leben führen, sie sind die Tür dorthin.

Am meisten Angst haben wir davor, dass andere unsere Schwächen entdecken und uns deswegen ablehnen, auslachen oder verachten könnten. Diese Angst, die fast jeder schon aus Kindheit und Jugend kennt, ist jedoch nur ein Spiegel der eigenen Ablehnung unserer Schwächen. Sobald wir in den Frieden mit ihnen gelangen, sie integrieren statt auszugrenzen, können wir auch anderen mutig und wahrhaftig zeigen, dass wir nicht perfekt oder nur stark sind. Und das ermutigt unsere Mitmenschen, sich uns gegenüber ebenso offen zu zeigen. Es ist unsere Verletzlichkeit, die Nähe zwischen uns und anderen schafft. Solange wir uns selbst etwas vormachen oder belügen, indem wir so tun, als könne uns nichts aus der Bahn werfen oder anhaben, fordern wir unseren Partner, unsere Freunde und auch unsere Kinder auf, sich selbst und uns zu belügen und so zu tun, als ob … Du kannst absolut sicher sein, dass die Wahrheit immer ans Licht kommt. Entscheide dich mutig für die Wahrhaftigkeit dir selbst gegenüber und stelle fest, was du alles nicht sein willst, obwohl du es doch auch bist.

Wie
du über
dich denkst,
so fühlst
du dich

WENN WIR UNS NICHT GUT FÜHLEN,

es uns – wie wir sagen – ›schlecht geht‹, ist uns nicht bewusst, dass wir selbst dieses ›negative‹ Gefühl erschaffen haben. Wir machen gern und schnell unsere Mitmenschen oder das, was geschehen ist, für unseren Ärger, unsere Wut, Scham- und Schuldgefühle verantwortlich. Auf den ersten Blick scheint es auch so, dass unser Partner, unser Kind, Kollege, Chef etc. unsere unangenehmen Gefühle verursachen. Aber das ist nicht die Wahrheit. Sie lösen nur die Gefühle in uns aus und holen sie hoch, die wir schon als Kind durch unsere Gedanken erschaffen und danach gut verdrängt haben.

Es sind unsere eigenen Gedanken über uns, unseren Wert, unser Frau- oder Mann-Sein, unsere Eigenschaften und Verhaltensweisen, die uns hinunterziehen, bedrücken und missmutig werden lassen. Jeder einzelne Gedanke, den wir glauben, von dem wir überzeugt sind, dass er wahr ist, erschafft in uns eine Emotion – eine angenehme oder eine unangenehme. Da niemand uns diesen Zusammenhang erklärt hat, kümmern wir uns nicht besonders um unsere Gedanken. Wir denken unbewusst und merken nicht, was wir damit in uns und unserem Leben anrichten. Wir wissen in Wirklichkeit nicht, was wir tun; wir erschaffen uns auf unbewusste Weise unser Leid und halten es durch die gleichen Gedanken, die wir ständig denken und wiederholen, aufrecht.

Ein paar Beispiele: Falls du denkst »Ich bin nicht liebenswert« oder »Ich bin doch nichts Besonderes«, erzeugt das in dir Trauer, Kleinheit und Scham. Sobald du glaubst »Ich habe so viele Fehler gemacht« oder »Ich bin auch zu blöd dafür«, sind Schuld- und Schamgefühle die Folge davon. Und durch Sätze wie »Ich muss aufpassen, dass andere nicht sehen, wie ich wirklich bin« oder »Ich muss schauen, dass ich gut bei anderen ankomme« steigt in dir die Angst hoch, dass sie doch erkennen könnten, wie es wirklich in dir aussieht.

Alles, was du heute über dich, deine Eigenschaften und deinen Wert denkst, sorgt dafür, wie du dich in deiner Haut fühlst. Ob du mit Freude, Stolz, Selbstachtung und Vertrauen oder mit Angst, Scham, Schuld, Wut und Ohnmacht, Trauer und Missmut durch dein Leben gehst. Du hast die Freiheit der Wahl, neu über dich zu denken, das heißt, dich für neue Gedanken über dich und deinen Wert zu öffnen – auch wenn dein Verstand noch hartnäckig an seinen alten, abwertenden Gedanken festhält. Und weil wir nicht gelernt haben, diese Emotionen als unsere eigenen Schöpfungen zu erkennen und sie bewusst zu fühlen und zu verwandeln, tun wir alles Mögliche, um sie zu verdrängen und uns von ihnen abzulenken. Die Folge davon ist, dass sie in uns stecken bleiben,

nicht fließen können und zu vielen unangenehmen körperlichen Empfindungen und schließlich zu Symptomen und Krankheiten führen. So gut wie jeder kennt diese körperlich wahrgenommenen Empfindungen wie Enge, Druck, Spannung, Schwere, Kälte, Hitze, Schwindel und verschiedene Schmerzen. Wir erkennen auch bei ihnen nicht, dass sie ›hausgemacht‹ sind, von uns selbst über Jahre erschaffen, verstärkt und aufrechterhalten. Wir glauben, ›man‹ müsse sie aushalten, solange es geht. Wird der Schmerz dann zu groß, gehen wir zum Apotheker oder zum Arzt in der Hoffnung, ihn mit einem Medikament wegzumachen. Aber so verstehen wir die Botschaft nicht, die unsere Seele uns über unseren Körper schicken möchte. Wir lehnen die Botschaft ab und wollen nichts Wesentliches in unserem Denken und Verhalten ändern. Jemand hat es mal sehr treffend formuliert: »Hören wir nicht auf die Stimme in unserem Innern, sagt die Seele zum Körper: ›Geh du vor, auf mich hört er/sie nicht.‹« Aber auch auf dessen Botschaft hören wir oft nicht, lehnen ihn und seine Symptome ab und bekämpfen sie.

SCHLÜSSELSATZ …
… zur Ursache von Krankheit

Unsere unwahren, abwertenden und verurteilenden Gedanken erzeugen in uns negative Gefühle wie Angst, Wut, Ohnmacht, Scham, Schuld und andere sowie unangenehme bis schmerzhafte Empfindungen. Unser Körper kann sie fühlen. Werden beide – Emotionen und körperliche Empfindungen – abgelehnt, verdrängt oder bekämpft, manifestieren sie sich zu handfesten Symptomen und können so eine Vielzahl von Krankheiten verursachen.

ANLEITUNG ZUR SELBSTERFORSCHUNG

Die negativen Überzeugungen des Kindes in uns

Die folgenden Gedanken haben wir fast alle in unserer Kindheit mehr oder weniger oft gedacht und gelernt, sie zu glauben. Welche davon kennst du nur zu gut und denkst sie noch heute in bestimmten Situationen? Solange das Kind in dir so etwas denkt und glaubt, erschaffst du hierdurch entsprechende Gefühle beziehungsweise nährst sie weiter, wie Angst, Trauer, Scham, Schuld, Ohnmacht, Wut usw. Du kannst die Unwahrheit solcher Gedanken durch dein Herz erkennen. Es ist in der Lage, Wahrheit von Unwahrheit zu unterscheiden. Und du kannst dich für neue Gedanken öffnen. Welche der folgenden Gedanken kennst du aus deiner Kindheit und denkt das Kind in dir auch heute noch hin und wieder?

- Ich gehör nicht dazu.
- Ich bin allein.
- Keiner hat mich lieb.
- Ich bin nicht gewollt.
- Ich werde nicht gesehen.
- Ich bin nichts wert.
- Ich muss gehorchen, spuren, funktionieren.
- Ich muss mir Liebe verdienen.
- Ich darf mich nicht so wichtig nehmen.
- Ich muss aufpassen, dass ...
- Ich darf nicht laut sein.

- Egal was ich mache, es ist nicht richtig.
- Ich bin eine Last.
- Ich bin nicht gut genug.
- Ich bin nicht liebenswert.
- Ich bin falsch. Mit mir stimmt was nicht.
- Ich bin nicht in Ordnung.
- Ich muss mich anstrengen, ein guter Mensch zu werden.
- Ich habe es schwer.
- Da muss ich allein durch.
- Ich muss stark sein.
- Ich muss mich zusammenreißen.
- Ich darf mich nicht gehen lassen.
- Niemand kümmert sich um mich.
- Wie es mir geht, interessiert keinen.

Jeder
Mensch
spürt, was du
über **dich**
denkst, **und**
reagiert
darauf

WAS WIR ÜBER UNS DENKEN –

und sei es uns noch so unbewusst –, das strahlen wir aus. Und jeder Mensch nimmt dies automatisch wahr und spürt intuitiv, wie du zu dir selbst und zum Leben stehst. Wir strahlen es aus über unseren Blick, unsere Worte, Gestik, Mimik, Körperhaltung und vieles mehr. Gedanken und Gefühle sind Schwingungswellen, die unser Gegenüber auffängt. Wenn du glaubst, du seiest nicht liebenswert oder kein guter Mensch, dann wirkt das so, als stände auf deiner Stirn geschrieben: »Achtung: Mich bitte nicht lieben. Denn ich tue es auch nicht.« Und bei nicht wenigen steht: »Hau mir eine rein, denn ich hasse mich selbst.« Wie du über dich denkst, so fühlst du dich auch. Und beides, deine Gedanken und Gefühle, strahlst du aus und werden von deinen Mitmenschen ›gelesen‹. Du bist transparent und kannst nichts wirklich verstecken, auch wenn du das nicht bewusst tust. Und dein Gegenüber reagiert auf deine Ausstrahlung – je nachdem, wie er selbst zu sich und zum Leben steht. Liebt er sich selbst nicht beziehungsweise liegt er mit sich selbst im Krieg, wie du vielleicht auch, wird er dich das spüren lassen und dich ebenso ablehnen, wie du es selbst seit langem tust.

SEIT UNSERER KINDHEIT

haben wir – bildlich gesprochen – an uns unsichtbare Knöpfe erschaffen und installiert, auf denen jeweils ein Gefühl steht, das wir durch unsere Gedanken erschaffen und durch wiederholtes Denken immer wieder genährt haben. Auf diesen Knöpfen stehen die Namen unserer negativen Emotionen wie ANGST (der größte Knopf), ÄRGER/WUT, OHNMACHT, SCHAM/MINDERWERTIGKEIT, SCHULD/SCHLECHTES GEWISSEN, TRAUER, NEID, EIFERSUCHT usw. Die Menschen in unserem Umfeld spüren oder sehen diese Knöpfe und können nicht anders, als sie hin und wieder zu drücken und das entsprechende Gefühl in uns auszulösen. Unser Kopf denkt zwar, sie hätten uns verletzt und das Gefühl verursacht. Die Wahrheit aber ist:

Wir selbst haben das Gefühl, das andere in uns auslösen, vor langer Zeit erschaffen und immer wieder genährt. Unsere Mitmenschen reagieren auf unsere Ausstrahlung wie ein Echo auf unsere Gedanken. Solange wir uns selbst abwerten und ablehnen, tun das Mitmenschen, die mit sich selbst auch nicht im Frieden sind, uns gegenüber ebenfalls. Und je mehr wir bei anderen Menschen anecken, je mehr wir an anderen kritisieren und Konflikte mit unseren Mitmenschen haben, desto mehr Unfrieden muss in uns selbst sein, desto weniger lieben wir uns selbst.

Dir selbst
zu vergeben
heißt, neu
über dich
zu denken

DAS HERZ JEDES MENSCHEN

sehnt sich nach Frieden und Zufriedenheit, auch deines. Und diesen Frieden kannst nur du dir selbst schenken. Er beginnt in dir, mit dir selbst und deiner Vergangenheit. Wer sich selbst lieben will, der macht sich dieses unendlich segensreiche Geschenk. Bist du bereit dazu?
Fast alles, was wir bisher über uns denken und zu wissen glauben, sind die Gedanken anderer über uns, die wir über Jahre gehört haben, wie beispielsweise die unserer Eltern, Geschwister, Erzieher, Lehrer. Diese uns oft verurteilenden, kritisierenden und herabsetzenden Gedanken mussten wir damals glauben und wurden so zu unseren eigenen Gedanken, zu unserem Selbstbild, das zu unserem heutigen, meist geringen Selbstwertgefühl führte.

WENN DU ETWAS WESENTLICHES

in deinem Leben ändern und ihm eine völlig neue Richtung geben und dich lieben lernen willst, darfst und kannst du dich heute entscheiden, neu über dich, deinen Wert, deine Eigenschaften und dein bisheriges Leben zu denken und dich einem völlig anderen Selbstbild zu öffnen. Das beginnt mit der Erkenntnis und Zurücknahme deiner Urteile über dich: »Ich habe mich geirrt. Ich habe den Worten anderer geglaubt und über viele Jahre gedacht, mit mir sei etwas nicht in Ordnung. Ich sei nicht gut, nicht liebenswert, nicht in Ordnung und stecke voller Fehler.« Öffne dich diesen neuen Gedanken, auch wenn dein Verstand noch versucht, an den alten Selbstverurteilungen festzuhalten. Dein Herz kennt die Wahrheit über dich und will dich zu ihr führen.
Spüre noch einmal in den Gedanken hinein: »Ich habe es in meinem Leben immer so gut gemacht, wie ich es konnte und wusste.« Schließe die Augen und fühle, wie dein Körper auf diesen Gedanken reagiert. Entspannt er sich dabei oder verspannt er sich, wird es in dir enger, weiter, schwerer oder leichter? Dein Herz zeigt dir über deine Körperreaktionen, ob ein Gedanke wahr ist. Empfindest du deinen Körper

bei einem Gedanken eng, verspannt und hart, ist der gerade gedachte Gedanke nicht wahr. Erlebst du ihn wärmer, weiter, leichter, entspannter, dann hast du gerade einen wahren Gedanken gedacht. (Falls du die letzte Übung per App schon gemacht hast, hast du das selbst gespürt.) Entscheide dich jetzt, neu über dich zu denken, und begreife: Du hast dich geirrt in deinen von anderen übernommenen Urteilen. Dir selbst zu vergeben bedeutet, diese Irrtümer zu erkennen und dich für ein neues Denken über dich zu öffnen, das wiederum zu einem neuen Selbstwertgefühl bei dir führt.

ZU VERGEBEN IST KEIN EINMALIGER AKT

und gelingt nicht über Nacht. Denn die alten abwertenden Gedanken und Überzeugungen haben wir ja über viele Jahre verinnerlicht und genährt. Darum sei geduldig und gehe sanft und milde mit dir um, wenn du dich beim nächsten Mal dabei ertappst, wie du dich wieder mal innerlich selbst zur Schnecke machst und dir dies oder jenes vorwirfst. Verurteile dich nicht für dein Verurteilen. Der Weg zu Selbstliebe und Selbstvergebung ist einer, auf dem wir sanft und geduldig mit uns umgehen dürfen. Die zweite Meditation auf der dem Buch beiliegenden CD (Track 3) »Mache Frieden mit dir selbst« unterstützt dich sehr kraftvoll auf deinem Weg der Selbstvergebung zu innerem Frieden.

Vergebung ist keine rein mentale Angelegenheit.
Ja, sie beginnt mit einem neuen Gedanken,
aber wahre Vergebung und der Frieden in uns entstehen erst,
wenn wir diesen Gedanken immer mehr leben,
wenn wir in unserem Herzen Frieden finden
in der zärtlichen, sanften, geduldigen Liebe zu uns selbst.

Lauf
nicht
weiter vor
deinen
Ängsten
weg

WIR MENSCHEN LEIDEN UNTER

kaum etwas mehr als unter unseren Gefühlen beziehungsweise Emotionen, die wir durch unwahre, verurteilende Gedanken selbst erschufen. Wir sagen »Ich fühle mich schlecht!« und nicht »Ich denke mich schlecht!«. Sich selbst zu lieben bedeutet, sein Herz zu öffnen und all seine Schöpfungen anzunehmen und zu lieben – ganz besonders die eigenen Gefühle. Unsere Gefühle, die wir bereits in der Kindheit durch unsere Gedanken selbst erschufen, wünschen sich von uns, ihrem Schöpfer, bewusst empfunden und bejaht und nicht abgelehnt und verdrängt zu werden. Aber niemand hat uns in Kindheit, Jugend oder später beigebracht, wie das gehen soll. Heute lernen das schon kleine Kinder ganz spielerisch mithilfe der Kinder-CD »Meine Gefühle werden meine Freunde«. Wenn Kinder das können, dann kannst auch du das sicherlich.

Im Wort ›Gefühle‹ steckt schon die Aufforderung »Geh hin und fühle bewusst und bejahend«, genauso wie im Wort ›Gedanke‹ die Einladung steckt »Geh hin und danke. Mach dein Denken zu einem Danken«.

Wir haben hier im Westen keine Kultur des Fühlens, wir wertschätzen unsere Gefühle, besonders unsere sich unangenehm anfühlenden Emotionen wie Angst, Trauer, Wut etc. nicht, weil wir ihre Bedeutung und ihren Wert für unser Leben noch nicht begriffen haben. Gefühle machen uns lebendig, sie gehören zu uns wie das Blut und die Lymphe zu unserem Körper.

SCHON IN DEN ERSTEN JAHREN

erleben wir, dass wir mit diesen Gefühlen nicht geliebt werden und unsere Eltern uns das auch bestätigen mit Sätzen wie »Hör auf, traurig oder wütend zu sein«, »Du musst doch keine Angst haben«, »Reiß dich zusammen« oder »Stell dich doch nicht so an«. Erwachsene fühlen sich angesichts starker Gefühlsausbrüche ihrer Kinder oft hilflos, weil diese an ihren eigenen verdrängten Gefühlen rühren. Sie hatten ja selbst keine Anleitung, wie man damit anders umgehen kann, und haben ihre Gefühle gut im Innern versteckt. Wie schon erwähnt, sind diese immer wieder abgelehnten Gefühle eine der wesentlichen Ursachen für die Entstehung zahlreicher Krankheiten, wenn sie nicht fließen können und mit Annahme gefühlt werden.

UNS WURDE BEIGEBRACHT,

den Kopf, das Rationale beziehungsweise das Denken weit über das Fühlen zu stellen. Das hat unsere Gesellschaft, unsere Wirtschaft und den Umgang miteinander zu einer oft gefühlskalten Angelegenheit gemacht. Statt ›Kopf über Herz‹ lernen jetzt aber die Ersten, aus ihrem Herzen zu leben und ihre Gefühle angemessen auszudrücken, ohne den anderen dafür die Verantwortung für ihre Entstehung zuzuschreiben, und sie mit offenem Herzen zu fühlen. Wenn wir weiter unsere Gefühle unterdrücken und verleugnen, führt das sowohl für den Einzelnen zu Leid und Schmerz als auch zu unmenschlichen Verhältnissen in unserer Gesellschaft, nämlich zu Ausgrenzung und einem Gegeneinander. Und dass unsere Gesellschaft zu großen Teilen gefühlskälter und herzloser geworden ist, davon kann sich jeder täglich überzeugen. Vielen scheint gegenseitiger Respekt, Achtung, Höflichkeit, Geduld, Toleranz, Rücksichtnahme und andere Tugenden völlig fremd zu sein. Und Menschen, die diese Werte leben und dazu einladen, werden gern mit dem ›Unwort des Jahres 2015‹ als »Gutmenschen« beschimpft. Das sind jedoch Menschen, die von der Liebe zu sich noch weit entfernt sind und im Krieg mit sich selbst liegen.

WER SICH SELBST INNERLICH NÄHERKOMMEN,

sich besser kennen lernen, wer sich lieben und sein Herz (wieder) öffnen möchte für die Liebe zu sich UND zu seinen Mitmenschen, der darf Zeit und Aufmerksamkeit aufbringen und sich den bisher ungeliebten Gefühlen widmen, die bestimmte Mitmenschen und auch Ereignisse in ihnen auslösen.

Als Erstes sind es unsere Ängste, die genau darauf warten, dass wir sie in stillen Minuten bewusst und bejahend fühlen lernen. Angst ist DIE Emotion, die Hintergrund und Ursache vieler anderer Gefühle wie Wut, Hass, Ohnmacht, Neid, Eifersucht und Missgunst ist. So ist jeder wütende Mensch getrieben von Angst, beispielsweise der Angst vor Mangel und vor Verlust, ganz besonders vor Mangel an Zuwendung und von der Angst vor Ablehnung. In jedem aggressiven Menschen schreit das Kind nach Aufmerksamkeit und Liebe – obwohl es ihm nicht bewusst ist. Viele bisher völlig ›normale‹, unauffällige Mitmenschen werden zum Beispiel angesichts der vielen zu uns flüchtenden Menschen zu einem Panik, Hass und Intoleranz verbreitenden, sehr kaltherzigen und ausgrenzenden Wesen, das für die Stimmen der Vernunft, geschweige denn der Liebe völlig verschlossen scheint. Und die psychiatrischen Interviews von Amokläufern und Massenmördern zeigen immer wieder auf, wie Ereignisse in ihrer Biografie, die in ihnen das Gefühl persönlicher Kränkung auslösten, zum Ausgang und Motiv ihres späteren zerstörerischen Verhaltens führten.

Ängste verstellen unseren Blick

Der ›Normalmensch‹, also der unbewusste, sich selbst nicht liebende und andere verurteilende und ausgrenzende Mensch, ist von angsterzeugenden Gedanken getrieben wie: »Ich könnte zu wenig haben. Ich könnte etwas verlieren. Es ist nicht genug für alle da. Ich muss kämpfen, damit ich selbst genug bekomme« usw. Dieser Mensch ist selten bereit, seine Ängste zu überprüfen und mit der Wirklichkeit und den Fakten abzugleichen, obwohl er ein Dach über dem Kopf hat, einen vollen Kühlschrank und einen Wohlstand genießt, von dem ein paar Milliarden Menschen auf diesem Planeten nur träumen können. Es sind die Ängste des Kindes in ihm, die ihm den klaren Blick auf die Wirklichkeit völlig verstellen und sein Herz verschließen.

ÜBUNG

Verwandle deine Ängste

Sobald du bereit bist, die Verantwortung für deine Ängste und andere Emotionen zu übernehmen, entscheide dich, ihnen mit Annahme, Bejahung und Liebe zu begegnen. Hierfür schenke dir Zeiten des Nach-innen-Gehens, auch wenn du so etwas bisher kaum kennst. Wenn – wie schon gesagt – Kinder dies können, kannst du das auch. Das können hier mal zwei oder fünf Minuten sein oder auch mal 30 Minuten mit einer begleitenden Meditations-CD*, in denen du dir Ruhe und Zeit nimmst, die Augen schließt, so entspannt wie möglich atmest und deine Aufmerksamkeit zunächst auf deinen Körper und seine Empfindungen lenkst und anschließend auf deine Emotionen. Beides – die körperlichen Empfindungen wie unter anderem Enge, Druck, Spannung, Verhärtung und die Emotionen wie Angst, Wut, Ohnmacht, Einsamkeit etc. – nennen wir Gefühle. Fang diese Zeit mit den Worten an: »Alles in mir darf jetzt da sein. Ich bin bereit, es zu fühlen.« Durch diese völlig neue, bejahende Einstellung zu deinen Gefühlen können diese in deinem feinstofflichen Körper anfangen zu fließen. Nebenbei beginnen auch die Augen oft feucht zu werden, und das ist ein gutes Zeichen. Hier beginnt etwas in dir weich zu werden und in Fluss zu kommen.

*Die Meditations-CDs »Negative Gefühle in Freude verwandeln« und »Ärger, Wut und Hass in Frieden verwandeln« eignen sich hierfür besonders.

Unsere Ängste gehören zu unserer menschlichen Erfahrung wie auch alle anderen Emotionen. Betrachte auch sie nicht als ein ›Problem‹, sondern als Türen in eine größere Freiheit hin zu einem wahrhaftigen, erfüllten Leben. Das Fühlen führt zu Fülle und Erfüllung. In Wirklichkeit ist die Angst eine Scheinwirklichkeit, eine Illusion, selbst wenn sie uns sehr bedrückt und sich zu Panikattacken auswachsen kann, falls wir uns ihr nicht bewusst und liebevoll zuwenden. Wir erschaffen sie durch Gedanken wie »Hoffentlich passiert nicht dies oder jenes«, »Ich muss aufpassen, dass …«, »Ich fürchte, dass …« und andere. Sobald wir genau in uns hineinschauen, können wir entdecken, dass das, wovor wir Angst haben, in unserem Kopf schon längst geschehen ist.

Hast du zum Beispiel Angst davor, dass dein Partner mit einem anderen Menschen Sex haben könnte, wirst du ihn dir mit Sicherheit schon einmal in den Armen eines anderen Menschen vorgestellt haben. Und je mehr ich diese Angstvorstellungen nähre, desto größer wird die Wahrscheinlichkeit, dass das Befürchtete auch eintritt. Unsere Vorstellungskraft ist eine immer noch weit unterschätzte magnetische Kraft, mit der wir Schönes wie auch Schmerzhaftes in unser Leben ziehen können.

Je stärker dein Kontroll- und Sicherheitsbedürfnis ist, je mehr du dich selbst oder andere zu kontrollieren versuchst oder dein Leben ›in den Griff‹ bekommen möchtest, desto größer müssen deine Ängste sein, die dich hierzu veranlassen, umso geringer ist dein Vertrauen in das Leben und deine eigene Schöpfungskraft. Dieses mangelnde Vertrauen weist wiederum auf das Kind hin, das du einmal warst, dessen Ur-Vertrauen ins Leben in der Kindheit erschüttert wurde und Risse bekam, weil deine Eltern und andere es selbst nicht hatten und es dir deshalb auch nicht vermitteln konnten. Angst kann als eine Art Vakuum der Liebe angesehen werden, also als ein Ort oder Raum, der noch nicht mit Liebe gefüllt wurde. Und so wie Dunkelheit die Abwesenheit von Licht anzeigt, zeigen unsere Ängste uns auf, wo unsere Liebe (noch) fehlt, wo wir etwas noch nicht lieben. Die Angst verhält sich wie alle Emotionen ähnlich wie ein kleines Kind, das nach einem Menschen ruft, nach Zuwendung, Berühren, Nähren und Lieben. Solange wir eine feindselige Haltung unseren Ängsten gegenüber haben und sie mit Pillen oder anderen Methoden bekämpfen und loswerden wollen, können sie sich nicht verwandeln und warten darauf, sich wieder zu Wort zu melden.

ANLEITUNG ZUR SELBSTERFORSCHUNG

Welche Ängste steuern dich?

Prüfe bitte in einem stillen Moment, in dem du in dich hineinhorchst, welche Ängste auch du schon mal hattest oder noch in dir schlummern. Sie warten bis heute darauf, dass du deine Schöpferverantwortung für sie übernimmst, sie bejahend fühlen, annehmen und dadurch verwandeln lernst. Das Ergebnis ist Vertrauen ins und Freude am Leben.

- Die Angst, allein zu bleiben, sich einsam zu fühlen oder (wieder einmal) verlassen zu werden.
- Die Angst, ausgegrenzt zu werden aus einer Gemeinschaft und nicht (mehr) dazuzugehören.
- Die Angst, kritisiert und schließlich bestraft zu werden (zum Beispiel mit Liebesentzug).
- Die Angst, beschämt, gedemütigt und ausgelacht zu werden.
- Die Angst, etwas oder jemanden zu verlieren.
- Die Angst, nicht genug zu bekommen (Aufmerksamkeit, Nahrung, materiellen Wohlstand oder anderes).
- Die Angst, etwas nicht zu bekommen, was andere besitzen.
- Die Angst zu scheitern (im Leben oder im Beruf).
- Die Angst, krank zu werden und unter einer Krankheit zu leiden.
- Die Angst vor Schmerzen.
- Die Angst, Fehler zu machen oder unangenehm aufzufallen.
- Die Angst, das Wichtigste im Leben zu verpassen, nicht wirklich gelebt zu haben und am Ende vieles zu bereuen.
- Die Angst vor dem Sterben beziehungsweise dem Tod.

Kleinheit, Schuld und Scham – das jahrtausende-alte Erbe

WAS IST DIE URSACHE DAFÜR,

dass wir nicht liebevoll mit uns selbst und unseren Mitmenschen umgehen? Warum führen wir gegen uns selbst und andere einen Krieg, sowohl in unserem privaten Bereich als auch an unseren Arbeitsplätzen und auf den großen Bühnen der Welt? Es sind vor allem tief sitzende Überzeugungen der eigenen Wertlosigkeit, des Nicht-in-Ordnung-Seins, der eigenen Fehlerhaftigkeit, durch die wir in uns das Gefühl von Scham, Schuld und Kleinheit erzeugt haben. Und das ist nicht nur die Geschichte von Einzelnen, sondern eines der größten kollektiven Themen der Menschheit der letzten Jahrtausende.

DER MENSCH WAR EINST

ein stolzes Wesen, nicht im negativen Sinne von ›protzend und sich anderen gegenüber hervortuend und überlegen zeigend‹. Er war sich seiner Größe, seiner grenzenlosen Schöpferkraft, seiner Würde und seiner Liebesnatur voll bewusst. Ihm war klar, dass er untrennbarer Teil eines einzigen, unvorstellbar großen lebendigen Wesens war, allverbunden, ja, eins mit allem, was lebt. Und er wusste, dass nichts und niemand weniger oder mehr wert ist als er selbst, kein Tier, keine Pflanze, aber auch kein Engel oder irgendein ›Meister‹ oder ›Heiliger‹. Er musste sich seinen Wert weder durch Leistung, Konkurrenzdenken und -verhalten erarbeiten noch durch die Anhäufung von Macht, Einfluss oder materiellen Gütern. Er hatte vor nichts Angst, auch nicht vor dem Sterben oder dem Tod, denn er wusste, dass es so etwas nicht wirklich gibt. Das Zurücklassen des irdischen Körpers war für ihn mit Freude verbunden, weil er sicher war, dass es nur ein Kleid ist, das er eine Zeit lang tragen wollte, um hierin interessante – vor allem emotional intensive – Erfahrungen zu machen. Es war das Paradies, der Garten Eden auf Erden. Diese Sätze kannst du gern als ›Märchen‹ abtun. Solltest du aber das Vergnügen haben, noch ein paar Jahrzehnte in deinem Körper auf der Erde zu verbringen, wirst du hier höchst Erstaunliches erleben …

Es wird einen Bewusstseinswandel der Menschen von – für unseren Verstand – unvorstellbarem Ausmaß geben. Der Mensch erinnert sich jetzt wieder Schicht um Schicht an seine naturgegebene Größe und Liebesnatur. Er wird wieder entdecken, dass das Herz die wahre Quelle für Weisheit und tiefes Wissen ist und die Gedanken und Überzeugungen unseres Verstandes pure Illusion sind. Durch diese können wir die wahre Wirklichkeit nicht erkennen; ganz im Gegenteil, wir stellen diese durch unsere unwahren Gedanken völlig auf den Kopf.
Wie gesagt, für den Verstand klingt das zunächst völlig utopisch, wie esoterisches Wunschdenken, besonders wenn wir die zurzeit zunehmenden Konflikte und Kriege sowie die wachsende Wut auf Andersdenkende und ›Fremde‹ sowie den Versuch ihrer Ausgrenzung beobachten. Und dennoch macht auch das alles Sinn und ist Teil des großen Wandlungsprozesses im Menschen und auf Mutter Erde. Vor jeder Umwälzung muss das, was nicht in der Ordnung ist, sehr deutlich hervortreten. Auch in unserem Leben sind wir meist erst durch eine große Krise bereit, genau hinzuschauen und Wesentliches in unserem Leben zu verändern.

Willst du ›Opfer‹ oder Schöpfer sein?

Immer lauter erreichen jetzt jeden von uns die Fragen: »Mensch, wer willst du sein, wie willst du denken, sprechen und handeln? Willst du weiterhin trennen, verurteilen, kritisieren, Schuldscheine verteilen und andere für deine eigenen Schöpfungen verantwortlich machen? Willst du weiter deinen eigenen Unfrieden mit dir und deinem Leben in die Welt ausstrahlen und so auch im Außen den Unfrieden mehren? Willst du weiter das Opfer spielen oder willst du in dein ursprüngliches liebendes Schöpferbewusstsein zurückkehren?« Und jeder gibt jeden Tag hierauf seine Antwort, die »Ja« oder »Nein« lautet und nicht »vielleicht etwas hiervon und ein wenig davon«.

»Unsere größte Angst«

Unsere größte Angst ist nicht, unzulänglich zu sein.
Unsere größte Angst ist, grenzenlos mächtig zu sein.
Unser Licht, nicht unsere Dunkelheit, ängstigt uns am meisten.

Wir fragen uns: Wer bin ich denn, dass ich so brillant sein soll?
Aber wer bist du, es nicht zu sein?
Du bist ein Kind Gottes.

Es dient der Welt nicht, wenn du dich kleinmachst.
Sich kleinzumachen, nur damit sich andere
um dich herum nicht unsicher fühlen,
hat nichts Erleuchtetes an sich.

Wir wurden geboren, um die Herrlichkeit Gottes,
der in uns ist, zu manifestieren.
Er ist nicht nur in einigen von uns, er ist in jedem Einzelnen.

Und wenn wir unser Licht scheinen lassen,
geben wir damit unbewusst anderen die Erlaubnis,
es auch zu tun.
Wenn wir von unserer eigenen Angst befreit sind,
befreit unsere Gegenwart automatisch die anderen.«

MARIANNE WILLIAMSON AUS »RÜCKKEHR ZUR LIEBE«,
BEKANNT GEWORDEN DURCH NELSON MANDELAS REDE
VOR DER UN-HAUPTVERSAMMLUNG

ES IST ALSO EINE ENTSCHEIDUNG,

was du über dich selbst und deinen Wert glauben willst. Es ist deine Verantwortung, wie du denkend, fühlend und handelnd antworten willst auf das, was in dir und deinem Leben geschieht. In diesem ungeheuer großen Wandlungsprozess wird die Menschheit nicht einfach zwangsbeglückt, sondern jeder wird aufgefordert zu beantworten, ob er ab jetzt als bewusster, liebender, sich selbst erkennender Schöpfer durch sein Leben gehen – oder ob er sich weiter als ›Opfer‹ anderer, des ›Systems‹ oder von denen ›da oben‹ betrachten will.

Frage an dich, liebe Leserin, lieber Leser: Für welchen Weg entscheidest du dich? Falls du glaubst, keine Entscheidung treffen zu müssen oder zu können, entscheidest du dich dennoch: nämlich so unbewusst weiterzuwurschteln wie bisher und die Erfahrungen deiner Vergangenheit zu wiederholen.

WILLST DU DICH SELBST LIEBEN,

wertschätzen, anerkennen und würdigen – und dies ist DER Schlüssel für Lebensglück, Gesundheit und erfüllenden Erfolg –, darfst du mutig und ehrlich hinschauen und erkennen, was dich bisher davon abgehalten hat. Es sind unsere tief sitzenden, in der Kindheit gelernten Überzeugungen über unseren geringen Wert und die hierdurch erzeugten Gefühle von Wertlosigkeit, Kleinheit und Scham. Und es ist der damit verbundene tief verdrängte Selbsthass, der den meisten Menschen in den Knochen sitzt und dafür sorgt, dass wir oft hart und lieblos mit uns selbst und anderen umgehen.

Diese feindselige Beziehung zu uns selbst können wir besonders dann wahrnehmen, wenn uns etwas nicht gelingt, wir etwas oder jemanden verlieren oder in einer Krise stecken. Genau dann, wenn wir die Liebe zu uns selbst und unsere eigene Unterstützung am meisten benötigen, verweigern wir sie uns und werfen uns selbst zum tausendsten Mal vor, wie »dumm, blöd, ungeschickt oder mangelhaft« wir doch seien.

Kehrt uns zum Beispiel ein geliebter Mensch den Rücken zu und verlässt uns, empfinden wir dies meist als persönliche Kränkung und oft als Beweis dafür, dass wir weniger wertvoll und attraktiv seien als andere. Oder wir werfen uns gleich vor, ›beziehungsunfähig‹ zu sein. Wird uns der Arbeitsplatz gekündigt, benutzen dies viele von uns zum gedanklichen Angriff gegen sich selbst, auch wenn sie nach außen hin andere hierfür zum Sündenbock machen. Und die meisten Menschen glauben immer noch, dass es wie im Leistungssport im Leben viele Verlierer geben muss und nur wenige Gewinner geben kann – und sehen sich selbst als Verlierer und Versager.
Aus diesem Kreislauf von Selbstabwertung, Schuld, Scham, Kleinheit und Selbsthass und dem äußeren Unfrieden kann jetzt jeder aussteigen, der erkennt, wie unsinnig und selbstschädigend diese Denk- und Verhaltensmuster sind.

In diesen Jahren der großen Transformation wird uns der dicke klebrige Teppich, den wir Menschen seit Tausenden von Jahren aus den Fäden von Schuld und Projektion gewebt haben, unter den Füßen weggezogen. Das lange dunkle Zeitalter aus Angst, Schuld und Scham endet jetzt.

»Ach, hätte ich doch nur nicht …!« – Bereuen und Bedauern

VIELE MENSCHEN QUÄLEN SICH

unbewusst mit dem Gedanken, sie hätten dies und jenes in ihrer Vergangenheit nicht machen sollen, sie hätten es besser oder anders machen können – und erzeugen auf diese Weise Groll, Gram, Wut, Schuld und Trauer in sich und nähren diese Gefühle ständig durch das Festhalten an ihren Selbstvorwürfen. Sie bereuen und bedauern, dass Sie zum Beispiel damals jenen Menschen geheiratet haben, oder glauben, sie hätten sich schon viel früher von ihrem Partner trennen sollen. »Ach, wäre ich doch nicht so naiv (oder dumm) gewesen zu glauben, dass …«, »Ich hätte es sehen können, dass es so kommt in dieser Firma«, »Ich hätte eine bessere Mutter (oder ein besserer Ehepartner) sein sollen«. Solche und viele andere Sätze kreisen oft in unseren Köpfen. Der Spruch »Hätte, hätte – Fahrradkette« beschreibt dieses ewig ergebnislose Kreisen sehr schön. Was alles bereust du heute in deinem Leben?

KEINER DIESER ›HÄTTE‹- ODER ›WÄRE‹-GEDANKEN

ist wahr, aber jeder von ihnen erzeugt Leid in uns und führt paradoxerweise oft zu schmerzlichen Wiederholungen des Vergangenen. Ich bin zutiefst überzeugt, dass wir es alle in jedem Moment unseres Lebens so gut gemacht haben, wie wir es damals wussten und konnten, und jede – auch noch so schmerzliche – Erfahrung einen Sinn hatte. Erst wenn wir mit diesen Frieden finden, können wir ihren Wert für unsere Entwicklung und unser Wachstum erkennen. Dann werden jene Erfahrungen zum Schatz und Nährboden für eine neue Lebensqualität in Selbstliebe.

Sobald du dich diesen Gedanken öffnest, beginnst du einen neuen Weg mit dir. Es ist DER zentrale Gedanke für inneren Frieden mit deiner Vergangenheit und für Freude in deinem heutigen Leben. Du hast also die Wahl: Du kannst jene unwahren Gedanken weiterdenken und dich quälen oder dein Herz für dich öffnen und dir all das vergeben, was du dir bisher vorgehalten hast. Wofür willst du dich entscheiden?

HEUTE WÜRDEST DU MANCHES

anders machen, damals war dir das aber nicht möglich. Jetzt kannst du neu und anders auf dich schauen und dein Verhalten verstehen lernen. Vor allem, nachdem du das kleine ängstliche, wütende und bedürftige Kind, das dein Verhalten oft unbewusst gesteuert hat, in dir erkannt hast. Unser Verstand ist meist davon überzeugt, wir hätten viele ›Fehler‹ gemacht, und hält hartnäckig daran fest. Ich behaupte, du hast keine ›Fehler‹ gemacht, sondern nur wichtige und wertvolle ERFAHRUNGEN, die du erleben solltest und die deine Seele machen wollte. Ohne diese oft schmerzhaften Erfahrungen des Verlustes oder Scheiterns wärst du heute nicht dort, wo du bist – und nicht der, der du bist. Aber solange du sie ›Fehler‹ nennst, kannst du den Schatz nicht entdecken und heben, der in ihnen steckt. Du würdest dich vermutlich nicht für dieses Buch über Selbstliebe interessieren, ja, du würdest dich für dich selbst nicht so interessieren, wenn du nicht jene Erfahrungen gemacht hättest.

UNSER LEBEN IST EIN WEG,

der aus einem Zustand des Unwissens und der Unbewusstheit beginnt und den wir ohne ›Betriebsanleitung‹ für ein glückliches Leben gehen müssen. Je mehr Erfahrungen wir auf diesem Weg machen, desto mehr können wir erkennen, was Leben bedeutet und wie wir Menschen ›ticken‹. Ohne diese Erfahrungen, die mit heftigen Emotionen einhergehen, würden wir uns nicht fragen: Wer oder was sind wir eigentlich? Sie ermöglicht uns, zu erforschen, wozu wir hier sind, was alles in uns steckt. Wir selbst würden nicht entdecken, dass wir selbst von Natur aus Liebe sind. Wir sind hier, um Liebe zu schenken und Liebe zu empfangen und hierbei zu entdecken, welch ungeheure Macht in dieser Liebe steckt und welche Freude sie in uns erzeugen kann. Und um herauszufinden, was Liebe wirklich ist, mussten wir zunächst die ›Unliebe‹, das Gegenteil von Liebe, erfahren. So verläuft unser Leben von unbewussten Zuständen in Richtung immer größerer Bewusstheit und Klarheit – von der ›Unliebe‹ zur Liebe, aus der Dunkelheit zum Licht.

ANLEITUNG ZUR SELBSTERFORSCHUNG

Inventur deiner ›Fehler‹, deines vermeintlichen Versagens

Solange wir unseren bisherigen Weg mit all unseren Erfahrungen und Schöpfungen nicht würdigen und anerkennen, unsere Urteile uns gegenüber nicht zurücknehmen und neu darüber denken, erzeugen wir auf unbewusste Weise schmerzhafte Wiederholungen in unserem Leben.

Mach dir bewusst, was du bisher an deinem Weg verurteilst, bereust und bedauerst, und öffne dich den wertschätzenden und lobenden Gedanken für deinen oft anspruchsvollen Weg. Ohne ihn wärst du jetzt nicht dort, wo du bist, und würdest dieses Buch nicht in der Hand halten.

- Welche Fehler glaubst du, in deinem Leben gemacht zu haben? Wo glaubst du, versagt zu haben?
- Welche Gedanken wie »Ach, hätte ich doch nicht dies getan oder jene Entscheidung getroffen!«, »Wäre ich doch nicht so dumm/blöd/verrückt gewesen, dies oder jenes zu tun!«, »Wie konnte ich nur so naiv sein und ... (dies oder jenes) tun.« treiben dich um?
- Was bedauerst oder bereust du bis heute, getan oder aber auch nicht gemacht zu haben?
- Was ist dir heute noch immer peinlich? Wofür schämst du dich auch heute noch immer?

Dein
Selbstwertgefühl
hängt
nicht von
anderen
ab

ZU BEGINN UNSERES LEBENS

sind wir viele Jahre vom Wohlwollen und der Zuwendung anderer abhängig – und das physisch, emotional und finanziell. Wir passen uns nicht nur in unserem Verhalten ihren Forderungen an. Unbewusst übernehmen wir auch ihre Überzeugungen vom Wert und Unwert des Menschen, die sie bereits von ihren Eltern und Großeltern übernehmen mussten. Hierzu gehört auch der Grundgedanke, der Mensch sei von Natur aus unvollkommen, er müsse sich über viele Jahre bewähren und erst als guter Mensch beweisen, da er mit einer Erbschuld auf die Erde gekommen sei.

VOR UNVORSTELLBAR LANGER ZEIT

müssen Menschen einmal auf den Gedanken gekommen sein, sie seien besser und mehr wert als ihre Mitmenschen. Und andere Menschen müssen diesem Glauben zugestimmt haben und sich selbst als schlechter und weniger wert empfunden haben. Inzwischen ist dies über unzählige Generationen weitergegeben worden und hat sich zu einer tief sitzenden Grundüberzeugung in den meisten Menschen verfestigt, auch wenn sie sich das nur selten bewusst machen, denn das würde ein schmerzliches Gefühl in ihnen auslösen.
So haben heute nicht nur junge Menschen, sondern viele Frauen und Männer jeden Alters lebenslang das Gefühl, sich hier auf Bewährung zu befinden und nicht nur beweisen zu müssen, dass sie wertvoll, nützlich und gut, sondern mehr wert seien als andere. Der Gedanke, dass alle Menschen gleichwertig und liebenswert sind, mutet uns fremd an. Denn wie sollte ein Elternteil, das sein Kind schlägt, genauso wertvoll sein wie jenes, das sich liebevoll um es kümmert? Warum sollte einer, der andere betrügt und ihnen Schaden zufügt, genauso viel wert sein wie einer, der ehrlich durch sein Leben geht?

DIES KÖNNEN WIR ERST DANN BEGREIFEN,

wenn wir verstehen, warum diese Menschen so wurden, welche Gedanken und Gefühle sie bewegen. Kein neugeborenes Kind wäre zu solch einem Verhalten in der Lage. Dieses Kind – so wie du eines warst – ist ein wunderbares, unschuldiges Wesen, aber sich seiner Unschuld, Reinheit und Liebenswürdigkeit nicht bewusst. Es hat noch nichts von Schuld, Forderungen, drohendem Liebesentzug und Strafe, von ›müssen‹, ›sollen‹ und ›nicht dürfen‹ gehört.

Das jedoch ändert sich in den ersten Lebensjahren sehr schnell. Denn auch alle Eltern, Erzieher, Lehrer und Ausbilder haben längst schon vergessen, dass sie von Natur aus ganz wunderbare, liebenswerte Wesen sind, und gelernt, sich für viele Eigenschaften, Gedanken, Gefühle und Verhaltensweisen selbst zu verurteilen. Und kein Mensch, der sich selbst kritisiert, verurteilt und glaubt, sich nicht so lieben zu können, wie er ist, kann einen anderen so annehmen und lieben, wie er ist.

So ruft man uns in den ersten zwanzig Jahren in Erziehung und Ausbildung zu: »Willst du zu uns gehören und es im Leben zu etwas bringen, von uns anerkannt und wertgeschätzt werden, Erfolg im Leben haben, dann bilde dir nicht ein, dass du so, wie du bist, in Ordnung wärst.

Wer sich verurteilt, muss auch andere
immer wieder verurteilen.
Wer sich selbst nicht wertschätzt und liebt,
kann auch andere nicht lieben und
fühlt sich im Innersten auch nicht wert,
geliebt zu werden.

Akzeptiere, dass du von Haus aus nicht gut bist, sondern dich anstrengen musst, ein guter und akzeptierter Mensch zu werden.« Natürlich sagen sie das nicht wortwörtlich, aber die Kernbotschaft lautet so. Und als Kinder hatten wir weder zu Hause noch in der Schule die Macht und Größe zu erwidern: »Behaltet eure Gedanken für euch. Ich denke anders über mich. Ich stehe zu mir und liebe mich so, wie ich bin!«

Wir haben alle gelernt, unseren Selbstwert von der Bewertung und Beurteilung anderer abhängig zu machen, durch ihre Augen auf uns selbst zu schauen und nicht durch die Augen unseres Herzens.

Die Unterdrückung, Ausbeutung und Ausgrenzung des Menschen durch den Menschen kann nur so lange andauern, wie wir selbst das tiefe Wissen über unseren natürlichen Wert, unsere göttliche Liebesnatur unterdrücken.

Die Anleitung zu einem pseudoglücklichen Leben heißt bis heute: »Tu was, leiste was, dann bekommst du was! Dann hast du was! Und hast du was (Geld, Ansehen, materielle Werte), dann bist du was.« Wer dieser Devise »Tun – Haben – Sein« weiter folgt, ist zwar in den Augen der anderen etwas, aber glücklich ist er nicht.

Unsere Aufmerksamkeit liegt darauf, was andere über uns denken und denken könnten, aber nicht auf dem, was wir über uns denken. Das heißt, wir haben uns angewöhnt, uns selbst durch die Augen der anderen zu betrachten, und fragen uns unbewusst ständig: »Was denkt er oder sie wohl über mich?«

Wir können erst dann ein wahrhaft glückliches Leben erschaffen und uns auch glücklich fühlen, wenn wir unsere Selbstwertschätzung davon abkoppeln, wie uns andere sehen; wenn wir uns lieben, wo andere uns nicht lieben. Dieser Weg macht zunächst einmal Angst und erfordert Mut und Geduld, aber der Lohn dieses Weges ist groß, er heißt: FREIHEIT und wahres LEBENSGLÜCK.

Wer
sich selbst
zu lieben
beginnt,
darf mit
Gegenwind
rechnen

MENSCHEN, DIE SICH SELBST

wahrhaftig lieben, ehren, achten und zu sich stehen, sind bis heute eine Rarität, auch wenn die ersten damit begonnen haben. Entscheidest du dich für diesen Weg und setzt die Botschaft dieses Buches in deinem Leben um, darfst du mit einigen interessanten und zum Teil schmerzhaften Reaktionen deiner Mitmenschen rechnen. So absurd es auf den ersten Blick erscheint: Ein Mensch, der sich selbst wertschätzt, ohne andere abzuwerten, stößt nicht bei allen auf Gegenliebe. Oft sind es sogar unsere nächsten Mitmenschen, unser Partner, unsere ›Freunde‹ und Bekannten sowie Mitglieder unserer Familie, die sich dadurch irritiert fühlen und dementsprechend reagieren. Denn ein Mensch, der sich selbst nicht liebt, sich kritisiert, ist ›pflegeleichter‹ für diejenigen, die mit sich selbst ähnlich umgehen. Er benötigt ja die Liebe der anderen, die er sich selbst nicht geben kann, und ist deshalb auch immer bereit, viele faule Kompromisse einzugehen, sich selbst zu verbiegen und die Wahrheit seines Herzens zu verraten – nur damit andere ihm wohlgesonnen bleiben.

BEZIEHUNG UND PARTNERSCHAFT WERDEN

dadurch oft zu einem stillen Machtspiel, weil der eine vom anderen weiß: »Er oder sie braucht mich. Ohne mich kann er oder sie nicht sein.« Er denkt: »Sie braucht mich und mein Geld. Ohne mich hätte sie diesen Lebensstandard gar nicht.« Und sie denkt: »Er braucht mich, meine Bewunderung und emotionale Sicherheit, mein Mich-um-ihn-Kümmern und auch den Sex mit mir.« Das sind Abhängigkeiten, aus denen sich schnell Machtspielchen und manipulierendes Verhalten entwickeln, durch die die Liebe, die anfangs da war, erstickt wird.
Auch unsere Schuldgefühle unseren Eltern, Geschwistern oder Kindern gegenüber machen uns erpressbar. Die meisten Mütter und Väter plagt unbewusst ein schlechtes Gewissen, weil sie denken »Ich hätte eine bessere Mutter sein können« oder bei Vätern »Ich war für meine

Kinder nicht wirklich da, ich habe ihre Kindheit und Jugend verpasst«. Und viele inzwischen erwachsene Kinder glauben: »Ich stehe meinen Eltern gegenüber in der Schuld, nach allem, was sie für mich getan haben.« Und umgekehrt rechnen die einen die ›Schulden‹ des anderen auf: »Er oder sie schuldet mir noch etwas. Ich kann nach all der Zeit und Mühe doch wohl erwarten, dass …« Das alles hat mit Liebe nichts zu tun, sondern ist ein Zeichen von großer Verstrickung und innerer Unfreiheit, aus denen wir uns jetzt befreien dürfen und können. Der Weg in die Freiheit beginnt mit der wachsenden Liebe, Wertschätzung und dem Mut zur Ehrlichkeit uns selbst gegenüber.

Viele Menschen, die begonnen haben, sich selbst zu lieben und sich selbst treu zu werden, berichten, dass sich in den Folgemonaten manche ihrer Freunde und Bekannten von ihnen abwandten und sie sich zeitweise allein und verlassen vorkamen. Erst nach einigen Monaten begannen sie, neue Freunde in ihr Leben zu ziehen. Damit du hiervon nicht überrascht und frustriert wirst, möchte ich dich auf diese mögliche Entwicklung vorbereiten.

Warum geschieht so was? Ich denke, du ahnst es. Es macht den anderen – vor allem den Kindern in ihnen – Angst, wenn sich jemand verändert und neue Wege in seinem Leben geht. Sie haben sich ein festes Bild von uns gemacht und glauben, sie würden uns kennen. Dabei kennen sie sich selbst kaum. Und jetzt entsprechen wir nicht mehr ihrem vorgefertigten Bild und erfüllen ihre Erwartungen nicht mehr. Zudem sind einige unter ihnen frustriert, weil wir nicht mehr wie bisher manipulierbar und erpressbar sind, wenn wir den Mut gefunden haben, ganz auf unseren eigenen Beinen zu stehen und unser inneres Wohlbefinden ins Zentrum unserer Aufmerksamkeit zu stellen.

Mach dir bewusst: Es dient niemandem, weder deinem Partner, deinen Kindern noch Freunden oder Kollegen, wenn du weiter in den alten Schuhen der ›Unliebe‹, der faulen Kompromisse, der Anpassung, des Aufopferns und Kümmerns gehst. Du forderst sie damit sogar unbewusst auf, es genauso zu machen wie du. Liebst du dich nicht selbst, hast aber Kinder, wirkst du nicht nur als negatives Vorbild, sondern belastest sie auch unbewusst, weil sie spüren, dass Mama oder Papa sich nicht liebt – und sie leiden schließlich mit dir. Und ich bin überzeugt, dies ist das Letzte, was du wirklich willst.

Es ist also Pionierarbeit, wenn wir anfangen, uns selbst zu ehren, zu loben, immer stärker auf unser Herz zu hören und das an uns zu lieben, was wir bisher nicht geliebt haben. Für die meisten ist das Neuland. Darum erwarte nicht, dass dir die anderen Beifall klatschen. Aber geh auch nicht zu ihnen und missioniere sie – erwarte vor allem nicht, dass sie jetzt deine neuen Sichtweisen übernehmen. Wenn diejenigen, die dich wirklich lieben, sehen, wie gut es dir auf deinem neuen Weg geht, werden sie vielleicht Geschmack daran bekommen und es dir nachtun. Aber vergiss nicht: Jeder steckt in seiner eigenen Haut und hat sein ganz eigenes Tempo auf dem Weg zu sich selbst. Und sich von eingefahrenen Mustern zu befreien und aus den ›alten Schuhen‹ auszusteigen, macht dem unbewussten Menschen zunächst einmal Angst. Das ist menschlich und dafür können wir unser Herz öffnen.

SCHLÜSSELSATZ
Deine Freiheitsformel

»Meine lieben Mitmenschen! Ihr dürft denken über mich, was ihr wollt. Ich gebe euch die Erlaubnis, mich zu verurteilen. Und ich werde den Spieß nicht umdrehen und euch meinerseits dafür verurteilen. Ich stehe zu mir und halte mein Herz offen für euch. Irgendwann werdet ihr euren Irrtum erkennen und auch euren Weg zur Liebe finden.«

Wer
auf seine
Macht
verzichtet,
der wählt
Ohnmacht

HAST DU DAS GEFÜHL,

dass dein Leben dir gehört? Lebst du dein Leben wirklich oder fühlt es sich eher so an, als würdest du gelebt werden? Lass uns ein wenig über das Wort ›Macht‹ sprechen, zu dem viele keine positive Beziehung haben. ›Macht‹ kommt von ›machen‹. Und wenn du etwas Wunderbares aus deinem Leben machen und ein glückliches Leben erschaffen willst, darfst du dich fragen: »Bin ich bereit, die Macht über mein Leben zu übernehmen, oder will ich sie weiterhin an andere abgeben und mich dem Leben, meinen Mitmenschen, den ›Verhältnissen‹ hilflos und machtlos ausgeliefert fühlen?«

VON NATUR AUS IST JEDER MENSCH

ein grenzenlos mächtiges Wesen, ausgestattet mit einer ungeheuer großen Schöpferkraft, mit der Macht, etwas zu erschaffen und seine bisherigen Schöpfungen zu verwandeln. Wären wir uns dieser Wahrheit bewusst, würden sich unser Leben und Lebensgefühl schlagartig ändern. In den Kinder- und Jugendjahren waren wir machtlos und von anderen abhängig, zunächst physisch und psychisch, später finanziell. Kein Kind kann mit fünf Jahren sagen: »Papa, ich zieh jetzt aus. Das gefällt mir hier nicht mehr.« Und über die Jahre haben wir gelernt, Macht immer wieder auf der Seite der anderen zu sehen, beim Lehrer, beim Vorgesetzten, den Politikern, und haben gelernt, Macht als etwas Negatives zu empfinden und für uns selbst abzulehnen. Wer aber – und sei es noch so unbewusst – Macht für sich ablehnt, der trifft auch eine Wahl. Er wählt das Gegenteil, und zwar Ohn-Macht. Die meisten würden sagen: »Ich will keine Macht. Macht ist schlecht, da kommt nichts Gutes heraus.« Solange du deine Macht über dein Leben nicht bewusst und mit Freude annimmst und sie für das, was dein Herz sich wünscht, einsetzt, forderst du unbewusst andere auf, Macht über dich auszuüben, dich auszunutzen und für ihre Zwecke einzuspannen. So fühlst du dich schnell als Opfer, weißt aber nicht, dass du das selbst gewählt hast.

SEINE MACHT IN BESITZ ZU NEHMEN heißt jedoch nicht, andere zu bekämpfen oder zu unterdrücken. Unsere Macht liegt in unserer Fähigkeit, Dinge und Zustände in uns und außen zu verändern und Neues zu erschaffen, zum Beispiel Zustände des Friedens, der Freude und der Fülle. In unserer Schöpferkraft liegt eine große Macht, die wir mit der Macht der Liebe verbinden können. Ja, Liebe ist eine machtvolle Energie, auch wenn der Kopf das bezweifelt. Aber das tut er, weil bisher nur sehr wenige der Liebe etwas zutrauen und noch kaum begonnen haben, zu lieben.

Leben oder gelebt werden?

Viele Menschen verhalten sich dem Leben gegenüber wie ein Kaninchen, das zitternd und ängstlich vor einer Schlange hockt und sich davor fürchtet, dass etwas Schlimmes passieren könnte. Aber das Leben will uns nicht an den Kragen. Es will uns nichts Böses, uns weder quälen noch bestrafen. Das Leben ist für uns und nicht gegen uns. Es ruft dir an jedem Morgen zu: »Hier, ich schenke mich dir. Mach du, große Schöpferin / großer Schöpfer das Allerbeste aus mir, dem Leben. Ich stelle dir hierzu alles zur Verfügung, was du brauchst. Nur machen musst du es schon selbst.« Denn wir sind keine Marionetten Gottes, der uns aus den selbst erschaffenen Zuständen des Mangels herauszieht. Wenn wir selbst es waren, die diese auf unbewusste Weise erschufen, sind es auch nur wir selbst, die sie – diesmal bewusst – verändern können.

Darum frage dich: »Will ich weiterhin das Gefühl haben, gelebt zu werden, oder will ich mein Leben mit großer Liebe zu mir selbst in meine Hände nehmen und es bewusst und mit Freude gestalten?« Immer wieder fragt dich das Leben: »Willst du weiter das Opfer spielen oder liebender und bewusster Schöpfer und Gestalter deiner Lebenswirklichkeit sein? Willst du leben oder gelebt werden?«

»Jetzt gehört mein Leben mir!«

In dem wunderschönen und tief berührenden Film »Wie im Himmel« singt Gabriella, eine Frau mit zwei Kindern, die von ihrem oft betrunkenen Mann immer wieder grün und blau geschlagen wurde. Durch die Kraft einer Chorgemeinschaft lernt sie sich selbst zu lieben und findet die Kraft und das Vertrauen, die Macht über ihr Leben in die eigenen Hände zu nehmen. Dieses wunderbare Lied, das man inzwischen auch in mehreren deutschen Fassungen auf YouTube hören kann, ist sehr berührend – auch für Männer.

Gabriellas Song

Meine Sehnsucht bringt mich hierher
Denn dies ist der Weg, den ich wählte
Und ich ahne, weil ich es spür
Jetzt gehört dieses Leben mir!

Was mir fehlt und was ich bekam
Alles hielt ich in meinen Händen
Lern vertrauen und will verstehn
Hab vom Himmel ein Stück gesehn.

Ich will spüren, dass ich lebe
Jeden Tag ganz neu!
Offen mutig stark und frei
Ich will leben und will sagen
Ich bin gut so wie ich bin.

Denn ich hab mein Selbst nie verloren
Ließ es manchmal einfach nur schlafen
Doch nun ist es in mir erwacht
Und nun strahlt es in mir und lacht.

Ich will leben
glücklich sein, so wie ich bin
Offen mutig stark und frei
Die Zeit hier geht so schnell vorbei.

Ich will wachsen, staunen über diese Welt
Und den Himmel, den find ich hier,
wenn ich glaube und such in mir.
Ich will sagen: »Ja, ich hab gelebt!«

ORIGINALTEXT: PY BÄCKMAN
DEUTSCHE ÜBERSETZUNG: LISA VALENTIN
LIED AUF DEN CDS »DAS GEHEIMNIS« UND »AUF WIEDER-SEHEN – HOFFNUNGSVOLLE LIEDER ZUM ABSCHIED«

Liebe deinen Körper – deinen treuesten Diener

BESONDERS DIE FRAUEN

liegen mit ihrem Körper im Krieg. Viele von ihnen haben zu glauben gelernt, ihr Selbstwertgefühl hinge vom Aussehen ihres Körpers ab, so wie uns Männern beigebracht wurde, es an den Erfolg unserer Arbeit zu knüpfen. Und so gibt es immer noch zahlreiche Männer und Frauen, die sich in Fitness-Studios quälen oder sich beim Joggen die Lunge aus dem Hals rennen, als seien sie auf der Flucht. Aber die vielen männlichen und weiblichen ›Flüchtlingsjogger‹ (es gibt auch schon viele ›Liebesjogger‹) werden jetzt mehr und mehr von ihrem Körper ausgebremst, unter anderem durch Gelenkschmerzen, Bänderrisse und andere Schmerzen.

VOM WESEN UNSERES KÖRPERS

und von seiner Intelligenz haben die meisten Menschen – trotz aller Gesundheits- und Fitnessbücher – nicht die geringste Ahnung. Sie behandeln ihn wie ein Ding beziehungsweise eine leblose Maschine, die man zwingen kann, dies oder jenes zu tun, oder verändern ihn in seinem Aussehen, zur Not mithilfe eines Schönheitschirurgen. Die Generationen, die nach uns kommen, werden einmal verwundert den Kopf schütteln angesichts dieses lieb- und verständnislosen Verhaltens unserem treuesten Diener gegenüber.

Unser Körper hat keinen eigenen Willen, er ist vollkommen abhängig vom Innenleben des Menschen, zu dem er gehört, von seinen Gedanken, Gefühlen und seinem Verhalten sich selbst und anderen gegenüber. Ein Mensch, der sich selbst und seinen Körper nicht liebt, mutet ihm täglich eine Herkulesaufgabe zu, dennoch seine Arbeit zu tun und einigermaßen gesund zu bleiben. Der Zustand des physischen, grobstofflichen Körpers hängt nämlich komplett vom Zustand des schon früher genannten feinstofflichen Körpers (Energiekörper) ab – und dieser ist Ausdruck des menschlichen Bewusstseins, das bei den meisten immer noch ein Unbewusst-Sein ist.

IN DEINEM ENERGIEKÖRPER IST ALLES gespeichert, was du über dich, das Leben und die anderen denkst und fühlst. Dein physischer Körper ist komplett von diesen Energien abhängig und tut immer sein Bestes und zeigt dir mit seinem Zustand auf, wessen Geistes Kind du bist und bisher warst. Er ›hört‹ jeden deiner Gedanken, den du über dich und auch über ihn denkst, er nimmt über Schwingungen auch jedes Gefühl wahr, das du sogleich verdrängst und ablehnst. Er weiß um dein offenes oder verschlossenes Herz, um dein Lieben oder ›Nicht-Lieben‹. Und je länger du noch im Unfrieden mit dir und deiner Vergangenheit bist, desto schwerer trägt dein Körper an dieser Last. Unfrieden bedeutet Unordnung und niedrige Schwingung, unser Körper strebt aber (wie jedes Energiesystem) nach Ordnung, Harmonie und hoher Schwingung. Und die Energien höchster Schwingung sind Freude, Begeisterung und Liebe.

Dein Körper wünscht sich von dir am allermeisten drei Nährstoffe: Liebe, Dankbarkeit und Freude. Er will zu einem Menschen gehören, der mit einem freudigen JA durch sein Leben geht, mit offenem Herzen, Neugier und Lust, mit Dankbarkeit und Wertschätzung für die Geschenke des Lebens. Und dieser Körper gehört selbst zu den größten Geschenken, die uns das Leben gemacht hat.

Dein Körper befindet sich in ständiger Bewegung und Veränderung, während er dir Tag und Nacht dient. Und er zeigt dir stets an, wann er sich wohlfühlt und wann nicht. Jede Empfindung (angenehm oder unangenehm), jedes Symptom und jede Krankheit sind eine Botschaft deiner Seele – übermittelt von deinem Körper. Jeder Schmerz ist ein Bote, der zu dir kommt und dich fragt: »Bist du bereit, mir zuzuhören und meine Botschaft zu verstehen?« Wir antworten aber meist: »Hau ab, ich will dich weder hören noch sehen!« Und so kämpfen wir gegen die eigenen Botschaften und wollen alles Unangenehme nur schnell beseitigen. Auf dieser Haltung beruht immer noch der größte Teil unseres Gesundheitssystems, das in Wahrheit eine ›Krankheitsindustrie‹ ist, denn Krankheit bringt Umsatz und lässt einen riesigen Wirtschaftsbereich florieren. Ist da irgendjemand ernsthaft an der Abschaffung von Krankheit interessiert? »Das ist nicht möglich«, sagt der Kopf. »Ihr werdet es erleben«, sagt das Herz, »sobald ihr erkennt und anerkennt, welche großartigen Schöpferwesen ihr seid und welches die wahren Ursachen von Krankheiten sind.«

Unser physischer Körper ist ein Juwel, das wir als geistiges Wesen, welches sich auf der Erde inkarniert hat, geschenkt bekamen. Er arbeitet rund um die Uhr für uns und tut alles, was in seiner Macht steht. Mangelt es ihm an etwas, aktiviert er sofort seine Selbstheilungs- und Regenerationskräfte.

Sein physikalischer grobstofflicher Zustand wird jedoch stetig von unseren nichtphysikalischen, feinstofflichen Energien beeinflusst und auch bestimmt. Und das geht weit über die bisher erkannten ›psychosomatischen‹ Einflüsse hinaus. Er reagiert in jedem Moment darauf, was du über dich, das Leben, dein Frau- oder Mann-Sein und über ihn, deinen Körper denkst und entsprechend fühlst. Und besonders darauf, ob du diese Gefühle ablehnst, verdrängst und dich von ihnen ablenkst – oder aber ob sie fließen können, weil du sie bewusst zulässt und sie bejahend fühlst.

Dein Körper braucht DICH als liebenden, freudigen und verantwortungsvollen Partner, als Freundin oder Freund. Solange wir unser Herz verschlossen halten für die Liebe zu uns selbst und für die Freude am Leben, solange wir »Nein« sagen zu uns selbst und seine Empfindungen, Symptome und Krankheiten nicht als dringliche Botschaft an uns verstehen, solange können die Energien in unserem feinstofflichen Körper nicht so intensiv fließen, wie sie das bei einem Menschen tun, der sich mit ganzem Herzen liebt und das Leben bejaht. Entsprechend erzeugen und fühlen wir Enge, Druck, Schwere, Spannung, Starre, Verhärtungen und manch andere unangenehme Empfindungen, die sich später zu Symptomen und dann zu Krankheiten entwickeln. Sie sind vor allem das Ergebnis abgelehnter Emotionen wie Angst, Schuld, Scham, Wut, Trauer, Ohnmacht usw.

ICH FRAGE DICH:

Bist du wirklich an einem durch und durch gesunden, vitalen und energiegeladenen Körper interessiert? Falls ja, bist du bereit, deine Verantwortung für ihn und seinen Zustand zu übernehmen und ihm all das zu geben, was er sich von dir wünscht? Dann entscheide dich, das umzusetzen und in dein Leben zu integrieren, was du in diesem Buch liest. Selbstliebe ist eine Grundhaltung und zugleich ein stetiger Prozess im immer liebevolleren Umgang mit dir. Und es ist das größte Geschenk, das du dir und deinem Körper machen kannst. Selbstliebe und Lebensbejahung heilen und erhalten die Gesundheit deines Körpers. Vielleicht denkst du jetzt: »Wenn du meinen Körper sehen würdest, dann würdest du sicherlich anders denken. Schau, wie ich aussehe, dieses Fett, diese Falten, diese Zellulitis, dieser Bauch – das kann man doch nicht lieben!«

Ich verlange auch gar nicht, dass du alles per Knopfdruck lieben sollst. Ich bitte dich nur, dich zunächst neuen Gedanken über diesen Körper zu öffnen wie zum Beispiel: »Mein Körper darf jetzt genau so aussehen, wie er aussieht (weil er jetzt so aussieht).« Natürlich hast du die Wahl und kannst ihn auch weiterhin ablehnen und verurteilen oder dein Herz für ihn öffnen wie für einen Menschen, der für dich bereits seit Jahrzehnten schuftet und sein Bestes gibt, aber trotz seines Dienens ständig Tritte von dir erhält durch deine abwertenden Gedanken und dein liebloses Verhalten.

DU KANNST DICH JETZT ENTSCHEIDEN,

zur besten Freundin oder zum besten Freund deines Körpers zu werden und neu über ihn zu denken. Ja, du kannst anfangen, mit ihm zu sprechen und dich zunächst mal bei ihm für dein bisheriges oft liebloses, unbewusstes Verhalten zu entschuldigen und ihm herzlich dafür zu danken, dass er trotz deiner Unliebe und Ablehnung ihm gegenüber noch immer lebt und dir dient, so gut er kann.

ANLEITUNG ZUR SELBSTERFORSCHUNG

Wie wir Symptome und Krankheiten erschaffen

Unser Körper kann sich auf Dauer nicht wohlfühlen und gesund bleiben, solange wir ...

- ... ihn nicht dankbar wertschätzen, lieben und ihn bewusst ›einwohnen‹.
- ... uns und unser Frau-/Mann-Sein nicht lieben.
- ... unsere Schöpferverantwortung für sein Befinden nicht übernehmen.
- ... ihn wie ein mechanisches Fahrzeug be- und abnutzen.
- ... längere Zeit etwas leben, was sich für unser Herz nicht stimmig anfühlt.
- ... kein klares »JA« zu uns sagen und mit Freude leben.
- ... uns verbiegen, nicht »NEIN« sagen und unsere Wahrheit nicht leben.
- ... keinen Frieden machen mit unserer Vergangenheit und ihren Schlüsselpersonen wie Vater, Mutter, Geschwister usw.
- ... uns selbst lange Zeit Fehler vorhalten und uns nicht verzeihen.
- ... unsere Emotionen nicht angemessen (ohne Anklage) ausdrücken und sie nicht bejahend durchfühlen.
- ... uns ständig überanstrengen, kämpfen und zu viel arbeiten.
- ... uns für andere aufopfern, mitleiden und uns Sorgen machen.
- ... keinen Rhythmus und Takt in unsere Tage bringen und keine Pausen machen und anhalten.
- ... uns unsere verurteilenden und unwahren Gedanken nicht bewusst machen und für einen neuen Blickwinkel und Klarheit im Geist sorgen.
- ... einseitigen äußeren Erfolg anstreben statt Erfüllung im Innern.

Die Liebe
deines
Partners
kann
deine Liebe zu
dir nicht
ersetzen

SOLANGE WIR DIE LIEBE

zu uns selbst noch nicht entdeckt haben und leben, suchen wir als Ersatz dafür die Liebe anderer Menschen. Das ist die größte Ursache für das Scheitern unserer Partnerschaften und Ehen. Es ist auch hier das Kind in uns, das in den ersten Jahren auf die Liebe von Mama und Papa (oder die eines anderen Menschen) angewiesen, ja vollkommen von deren Aufmerksamkeit und Zuwendung abhängig war. Wie schon beschrieben, steuert uns dieses Kind und bestimmt auch unser Verhalten gegenüber unserem Partner so lange, bis wir, die Erwachsenen, uns des Mädchens oder Jungen in uns annehmen und selbst die innere Vater- und Mutterrolle für dieses Kind übernehmen und dadurch innerlich erwachsen werden.

SOLANGE WIR DAS NICHT TUN,

erwarten wir unbewusst, dass unser Partner uns (beziehungsweise dem Kind in uns) etwas gibt, was wir uns selbst (noch) nicht geben können: Liebe, Aufmerksamkeit, Lob, Trost, Ermutigung, Zärtlichkeit und emotionale Sicherheit. Damit müssen wir auf Dauer scheitern und enttäuscht werden, außer du willst weiterhin eine Sohn-Mutter- oder Tochter-Vater-Beziehung mit deinem Partner leben. Niemand kann die Liebe zu dir selbst ersetzen, auch nicht dein Traumpartner.

Wenn du (und sei es noch so unbewusst) glaubst: »Ich brauche einen Partner, um glücklich zu werden«, dann erschaffst du nicht nur in dir ein Bewusstsein des Mangels, sondern wirst auch von außen immer wieder enttäuscht werden, weil dieser Gedanke etwas vortäuscht, was nicht wahr ist. Und da Gleiches immer wieder Gleiches anzieht, finden sich aufgrund solcher Täuschungen immer wieder zwei ›Braucher‹, die daraufhin eine merkwürdige ›Verbrauchergemeinschaft‹ gründen; sich gegenseitig in die Tasche greifen, um schließlich festzustellen, dass der andere auch ein armer Bettler ist und seine Taschen leer sind. Falls du aufmerksam die Kontaktanzeigen liest, erkennst du schnell ihre wahre

Überschrift. Sie lautet fast immer: »Braucher sucht Braucher.« Wenn wir etwas ›brauchen‹, dann ist es die Liebe, Wertschätzung und Zuwendung uns selbst gegenüber.

JEDE BEZIEHUNG ZU EINEM MENSCHEN,

jede Partnerschaft oder Ehe ist eine Art Übungsfeld für deine Selbsterfahrung, Selbstentdeckung und dein Wachstum. Ganz gleich, wie sich ein Mensch dir gegenüber verhält, zeigt er dir entweder auf, wie du mit dir selbst umgehst, wo du dich selbst innerlich abwertest, dein Herz verrätst und nicht deine Wahrheit lebst. Oder er testet dich unbewusst darauf, wie sehr du dich selbst liebst und wie liebevoll, klar und entschieden du zu dir selbst stehst. Wir treffen also nie auf den ›falschen‹ Partner, obwohl unser Kopf das oft denkt.
Jeder Mensch, der dir begegnet, gibt dir die Gelegenheit, zu überprüfen und zu entscheiden, wie sehr und ob du dich selbst liebst, du liebevoll »Nein« sagen, bei dir selbst bleiben, dich abgrenzen und gut für dich selbst sorgen kannst. Unser Partner steckt nicht in uns und wir stecken nicht in ihm. Jeder von uns kommt aus einer ganz eigenen Welt mit einzigartigen Erfahrungen aus der Kindheit, Jugend und späteren Beziehungen. Deshalb können wir auch nie ganz den Standpunkt und die Sichtweise des anderen einnehmen und verstehen. Wir glauben aber irrtümlicherweise oft, er müsse die Welt und die Dinge, die geschehen, doch genauso sehen und bewerten wie wir selbst.
Hierauf beruht der unsinnige Kampf ums Rechthaben und Überzeugenwollen. Sobald wir aber diesen Irrtum erkennen, können wir lernen, die andere Sichtweise und das Verhalten unseres Partners zu respektieren, und unsere Erwartungen an ihn zurücknehmen – selbst wenn wir ihn und sein Verhalten nicht verstehen. Die Liebe sagt: »Ich bin und denke so. Und du darfst anders sein und anders denken als ich.« Respekt und Achtung vor meiner eigenen Anders- und Einzigartigkeit und vor der deines Partners ist ein tragender Ast am Baum der Liebe.

SOLANGE WIR JEDOCH UNS SELBST keinen Respekt und keine Selbstachtung entgegenbringen und uns auf die Liebe zu uns selbst verlassen können, fühlen wir uns schnell durch den anderen gekränkt. Und setzen ihn in eine Bringschuld, falls wir denken: »Er oder sie sollte sich mir gegenüber aber anders verhalten und nicht so verständnislos, abweisend, verletzend oder egoistisch sein.« Das meist unerkannte Geheimnis heißt hier, erstens: Mein Partner kann nicht anders. Er muss sich aufgrund eigener Verstrickungen und des Zustands seines inneren Kindes so verhalten, wie er das tut. Und zweitens: Er kann sich erst dann anders verhalten, wenn ich etwas in meinem Denken über mich und ihn ändere, besonders wenn ich meine Verurteilungen, Abwertungen und Kritik mir selbst gegenüber und meine Forderungen an ihn zurücknehme. Wie mein Partner sich mir und anderen gegenüber verhält, ist letztlich immer seine Angelegenheit, die mich nichts angeht. Meine Angelegenheit, also meine Freiheit besteht nur darin, wie ich auf ihn re-agiere.

Höre also auf, deinen Partner ändern zu wollen, und wende dich mit liebevoller Aufmerksamkeit dir selbst zu, besonders deinen Gedanken, Gefühlen und deinem Herzen, das dir den Weg zur wahren Liebe dir selbst und dann auch dem anderen gegenüber zeigen will – und ändere auf diese Weise Entscheidendes in dir.

»Geliebt werden kannst du erst dann,
wenn du dich selbst liebst – und lieben kannst du dich nur,
wenn du bei dir bist – wenn du zu dir gekommen bist –
wenn du bei Bewusstsein bist!«

BRUNO O. SÖRENSEN

Sollen unsere Partnerschaften morgen eine andere Qualität, eine wirkliche Liebesqualität mit einem hohen Maß an Erfüllung, wirklicher Intimität und Nähe mit respektvoller Begegnung auf Augenhöhe haben, dürfen wir erst einmal lernen, uns selbst der erste und wichtigste Liebespartner zu werden. Das ist vielleicht die wichtigste Aufgabe, zu der uns das Leben jetzt mit Nachdruck aufruft. Ohne die Liebe zu uns selbst, zu dem kleinen Kind in uns und seinen Gefühlen des Mangels, der Sehnsucht, Kleinheit, Scham, Schuld und Angst wird und muss jede Partnerschaft zu Enttäuschung führen und scheitern.
Falls du also in einer Beziehung lebst, nimm dir Zeit und Raum, zum Beispiel einen oder zwei Abende in der Woche für dich allein und hin und wieder ein ganzes Wochenende, wo du mit dir allein sein und dir und deinem Inneren begegnen kannst. Und gestehe deinem Partner das Gleiche zu. Solange wir jeden Tag beziehungsweise jeden Abend mit innerlichen Forderungen an den anderen aufeinanderhocken, kann keiner von beiden zu sich selbst und innerer Klarheit finden.

SCHLÜSSELSATZ

Liebe ist kein ›Deal‹

Als Kind haben wir gelernt, Liebe wie eine Ware zu betrachten, die man sich durch Leistung und Wohlverhalten verdienen müsse. Dieser Gedanke sorgt wie kaum ein anderer für das häufige Scheitern unserer Ehen und Partnerschaften, in der die Liebe wie eine Ware behandelt wird – mit dem (oft unbewussten) Grundgedanken: »Ich liebe dich dann, wenn und solange du mich liebst.« Das ist keine Liebe, sondern ein Tauschhandel, ein ›Deal‹.

Am Abend
erschöpft
zu sein,
ist völlig
unnatürlich

IMMER MEHR MENSCHEN FÜHLEN

sich überfordert, gestresst und erschöpft bis ausgebrannt. Das Rennen, Hasten und Hetzen, ohne zur Ruhe und zu sich zu kommen, hat sich für viele verselbständigt. Wie geht es dir an einem normalen Abend in der Woche? Fühlst du dich dann oft erschöpft, ausgelaugt und antriebslos? Wenn das der Fall ist, wird es Zeit, dass du die Ursachen hierfür herausfindest und etwas Entscheidendes in deiner Art zu leben und der Beziehung zu dir selbst änderst. Denn so zu leben ist völlig unnatürlich. Kein Vogel sitzt morgens auf dem Ast und klagt, dass er heute wieder singen, fliegen und Nahrung suchen muss. Und keine Katze kommt am Abend nach Hause, fällt ins Koma oder sagt: »Ich kann nicht mehr!« Aber wir Menschen bringen es fertig, uns selbst fertigzumachen, sowohl in unseren Gedanken als auch mit unserer Art, durch den Tag zu gehen. Es ist das Ergebnis unseres unbewussten Denkens, Verhaltens und Umgangs mit uns selbst. Und es ist Ausdruck und Folge unserer gelernten ›Unliebe‹ zu uns.

Die Schöpfung war nicht zur Erschöpfung gedacht, sondern zum maximalen Energiefluss in uns und um uns herum. Du hast dieses Leben geschenkt bekommen, um es freudig und kraftvoll, mit einem großen JA zu dir zu leben und dein Potenzial an Freude und Kreativität zu entfalten und deine Begabungen (deine Gaben) in die Welt zu bringen.

Angesichts von zunehmender Überforderung, Erschöpfung bis hin zum Burnout, in den sich jetzt immer mehr Menschen hineinmanövrieren, dürfen wir uns fragen: Wo bleibt die Energie? Woher kommt der Energiemangel? Jedes so genannte Problem, jede Krankheit, jeder Mangel an Freude, Liebe, Geld, Erfolg oder Erfüllung im Leben ist immer ein Zeichen mangelnden Energieflusses, den wir selbst verursacht haben. Jedem von uns steht jederzeit unendlich viel Energie zur Verfügung. So wie jeder Baum sowohl von unten durch seine Wurzeln genährt wird als auch von oben durch Blätter und Äste seine Energie empfängt, so steht auch jedem Mensch grenzenlose Energie aus Mutter Erde und vom Himmel (aus dem Sonnenlicht und der feinstofflichen Energie der Atmosphäre) zur Verfügung. Aber unsere ›Empfangsgeräte‹ für Energie von oben und von unten, unsere so genannten Chakren (die Energiespiralen in unserem feinstofflichen Körper), drehen sich nicht so schnell, wie sie könnten – und in unseren Energiebahnen (den Meridiankreisläufen) fließt die Energie nicht so, wie sie natürlicherweise fließen könnte und will.

DAFÜR SIND ERSTENS

unsere ablehnenden und unwahren Überzeugungen, unsere vielen ›Nein-Gedanken‹ zu uns, zum Leben selbst und zu dem, was sich in unserem Leben zeigt, verantwortlich. Die Natur kennt kein »Nein«, nur wir Menschen können »Nein« zu uns und zu dem, was da ist, sagen. Bejahst du dich selbst, dein Leben, dein Frau- oder Mann-Sein in diesem Körper hier auf Mutter Erde nicht freudig, empfängt dein Körper deutlich weniger Energie, als er könnte und will. Denn der Körper muss immer dem Geist folgen, genauer: unserem Bewusstsein. Jede Verurteilung, jede Anklage, jedes Jammern und Beschweren enthält ein Nein und mindert deine Vitalität, deinen Energielevel und zehrt an dir. Je weniger du dich also selbst liebst, desto weniger Lebensenergie erhältst du.

MACHEN WIR ZWEITENS

viele Dinge in unserem Leben ohne Freude, sondern um damit irgendwas zu erreichen, erschöpft uns diese Lebensweise zusehends. Wenn wir einer Arbeit nachgehen, die wir im Grunde ablehnen und nicht wertschätzen, nur um damit Geld zu verdienen, entzieht uns dies die Lebenskraft. Verbringen wir unser Leben mit einem Menschen, den wir nicht lieben oder der uns nicht liebt, und bleiben wir nur bei ihm, weil wir Angst haben, sonst allein zu sein oder niemand anderen zu finden, entzieht das unserem Energiekörper ständig Energie, ohne dass genug nachfließt. Wann immer wir etwas tun, um … zu …, also um eines Zieles wegen, aber nicht weil wir das, was wir tun und leben, wirklich aus und mit Freude tun, entziehen wir unserem Energiesystem Kraft und erschaffen Enge, Druck, Schwere und belasten ihn.

UND DRITTENS SIND ES

schließlich die von uns unterdrückten, verdrängten und nicht bejahten Emotionen, die uns und unserem Körper unendlich viel Kraft kosten und Lebensenergie binden. Denn es kostet uns weit mehr Energie, um Angst, Ärger, Wut und andere Gefühle zu unterdrücken, zu verdrängen und dadurch festzuhalten, als sie durch bewusstes und bejahendes Fühlen in Fluss zu bringen und durch unsere Annahme zu verwandeln. Vergiss nicht: Sie sind deine ›Babys‹, die auf deine Liebe warten.

Wer nicht
anhält,
um innezuhalten,
den hält
das Leben
jetzt an

VIELE FRAGEN SICH:

Wo und wie finde ich Halt in dieser bewegenden, uns oft durchrüttelnden Zeit? Die meisten suchen ihren Halt und ihre Sicherheit immer noch bei einem Partner oder Freund, bei einem Menschen also, bei dem sie sich zu Hause fühlen. Ein liebender Mensch, der sich Zeit für uns nimmt, der uns wirklich zuhört und so annimmt, wie wir gerade drauf sind, ist ein großes Geschenk, für das wir dankbar sein dürfen.

Solange wir jedoch unser Zuhause und unseren Halt nicht in uns selbst gefunden haben, bleiben Menschen und Dinge, die wir ›besitzen‹, nur Scheinsicherheiten, die wir oft erst verlieren müssen, um zur wahren Quelle unserer Sicherheit zu gelangen und inneren Halt zu finden. Und diese liegt immer in uns selbst und der innigen Beziehung zu uns.

UND FÜR DIESE ERSTE UND ALLERWICHTIGSTE

Beziehung benötigen wir Zeit und Ruhe, die wir mit uns selbst verbringen – Stunden der Muße und Besinnung. Bei allem Tun ist es wichtig, immer wieder anzuhalten, um nach innen zu gehen. Sonst verlieren wir uns mit der Zeit und das führt zu einem Gefühl der Leere, Sinnlosigkeit und Erschöpfung. Wie schon gesagt, du bist nicht hier auf der Erde, um dich zu erschöpfen, sondern ein Leben voll tiefer Befriedigung, Freude und Erfüllung zu erschaffen. Erst wenn wir uns Zeit nehmen, um die Augen zu schließen, und unsere Aufmerksamkeit nach innen lenken, können wir zur Besinnung kommen, um den Sinn unseres Lebens (wieder) zu erkennen, den so viele aus den Augen verloren oder noch gar nicht entdeckt haben. Es gilt jetzt zu lernen, das Wesentliche vom Unwesentlichen zu unterscheiden und uns auf das Wesentliche zu konzentrieren, auf unser Innenleben, unser Herz, unsere Gefühle, unsere körperlichen Empfindungen und Gedanken. Denn so, wie es in dir aussieht, aufgeräumt oder durcheinander, friedlich oder unfriedlich – genauso muss es sich in der äußeren Welt zeigen. Unser Leben draußen spiegelt den Zustand unserer Innenwelt wider.

VIELLEICHT DENKST DU WIE VIELE:

»Dafür habe ich keine Zeit. Ich habe so viel zu tun.« Ich bin überzeugt, du kannst dir Zeiten für dich nehmen. Wenn wir uns für das Wichtigste in unserem Leben keine Zeit nehmen, hält uns das Leben jetzt schneller als je zuvor an und schenkt uns Zeit, sei es durch Krankheit, Unfall, Arbeitslosigkeit oder anderes. Und solltest du noch Zeit haben fürs Fernsehen oder häufig im Internet surfen, empfehle ich dir, dich jetzt für das ›Nahsehen‹ zu entscheiden. Nur, wenn wir in uns gehen, finden wir die Kraft, Führung und Quelle für Freude und Liebe, ohne die unser äußeres Leben in Zukunft einfach nicht mehr funktionieren wird. Neale Donald Walsch hat es in seinem Buch »Gespräche mit Gott« auf den Punkt gebracht: »Und wenn du nicht nach innen gehst, dann gehst du leer aus.«

Wir begegnen den ganzen Tag über in der Regel vielen Menschen – hier mit einem Blickkontakt, dort in einem kürzeren oder längeren Gespräch, zu Hause oder am Arbeitsplatz –, aber uns selbst begegnen wir so gut wie nie. Wann warst du das letzte Mal ganz bei dir selbst und hast es genossen, mit dir allein zu sein, ohne dich mit Aktivitäten abzulenken? In der das Buch begleitenden App findest du kürzere und längere Meditationen, die dir helfen, bei dir selbst, in deiner Mitte, anzukommen, und für innere Ruhe, Ausgeglichenheit, Klarheit und Frieden sorgen.

Takt und Rhythmus im Alltag durch Pausen

JEDES LEBEWESEN,

ja die ganze Natur auf Mutter Erde und im Kosmos lebt in einem Rhythmus von Anspannung und Entspannung, von Einatmen und Ausatmen. Alles Leben pulsiert und ist ein großartiges Schwingungssystem von der Zelle in deinem Körper bis zur größten Galaxie. Durch die Entfernung von unserer Natur und von unserer inneren Wahrheit sind viele aus ihrem natürlichen Rhythmus gefallen, haben ihren inneren Takt verloren und sind darüber auch taktlos zu sich und anderen geworden. So wie die Natur im Rhythmus der Jahreszeiten von Tag und Nacht sowie der Mondphasen lebt, unterliegt auch unser Energiesystem dem Gesetz von Rhythmus und Takt.

WENN WIR DAS GEFÜHL HABEN,

nur noch zu funktionieren, zu leisten, uns anzustrengen, zu kämpfen und für andere zu sorgen, ist – spätestens dann – unser eigener Takt und Rhythmus auf der Strecke geblieben, haben wir uns selbst aus den Augen verloren und sind oft außer uns und außer Atem. Viele haben bereits das Gefühl, eher gelebt zu werden als wirklich zu leben. Obwohl die meisten heute weit weniger Stunden arbeiten als vor einigen Jahrzehnten, weit weniger Kinder versorgen müssen und die schwere körperliche Tätigkeit immer weiter abnimmt, geht es immer mehr Menschen körperlich und psychisch deutlich schlechter als damals. Jeder Tag, der uns geschenkt wird, wartet darauf, von uns getaktet und strukturiert zu werden. So wie in jedem Musikstück die vielen kleinen und längeren Pausen für die Qualität des Stückes unabdingbar sind, so sind sie es auch für jeden einzelnen unserer Tage, die ihren ganz eigenen Klang und ihre ganz eigene Tönung haben. Wie für jedes Einatmen ein vorheriges Ausatmen notwendig ist, sind bewusst gelebte Pausen für die Qualität deiner Tage und für deine Befindlichkeit wichtig. Ein Tag ohne bewusste Pausen klingt wie ein Musikstück ohne Pausen: nämlich nach Missklang, Lärm, aber nach keiner Melodie.

DIE MAHLZEITEN GEBEN UNSEREN TAGEN

eine Grundstruktur, die uns guttut. Du erinnerst dich vielleicht noch daran, wie verlässlich deine Mutter oder dein Vater das Frühstück, das Mittag- oder Abendessen auf dem Tisch hatte und dass dir dies Sicherheit und Vertrauen geschenkt hat. Unsere Mahlzeiten sind mehr als nur Nahrungsaufnahme. Sie sind taktgebende Rituale unseres Lebens, mit denen wir das Leben hier im Körper feiern, der von Mutter Erde

genährt wird. Viele lassen inzwischen das Frühstück ausfallen und merken nicht, wie viel Lebensqualität sie sich damit nehmen. Es ist als Gemeinschaftsfeier eines beginnenden Tages gedacht, um in Ruhe und mit Freude am Leben den neuen Schöpfertag zu beginnen. Kein ›Coffee to go‹ und kein Tankstellen-Shop kann das ersetzen. So stürzen die meisten morgens in einen Tag, ohne einmal innegehalten zu haben. Auch wenn du allein lebst, ist das kein Grund, deinem Körper und deiner Seele ein schönes Frühstück zu verweigern. Sich selbst zu lieben heißt auch, sich viele Genussmomente und bewusste Pausen über den Tag verteilt zu gönnen. Und die Mahlzeiten sind hierbei besonders wichtig, weil sie uns am Leben halten, unserem Tag Rhythmus und Struktur geben und uns unter anderem Gelegenheit zur freudigen Gemeinschaft bieten.

Wer den Weg der Selbstliebe gehen will, wird den unschätzbaren Wert bewusst gelebter und gefühlter Pausen erkennen. Jede Pause ist dazu da, bewusst zu mir zurückzukehren und bei mir selbst zu sein.

Tipp für Auszeiten

Ob mit offenen oder geschlossenen Augen, gönne dir immer wieder mindestens 120-Sekunden-Pausen, ohne etwas zu tun. Du kannst dich entweder per Wecker daran erinnern oder du nimmst sie als ›Brücke‹ zwischen zwei Tätigkeiten. Bei zehn bis fünfzehn Mal am Tag ergeben das insgesamt 20 bis 30 Minuten, die für dein inneres Wohlbefinden und deine physische Gesundheit Gold wert sind. Einen Teil davon kannst du mit dem Gang zur Toilette verbinden, oft der einzige Ort, an dem du tagsüber allein sein kannst. Schon nach den ersten Tagen, an denen du dir solche kurzen Pausen gönnst, wirst du ihre wohltuende Wirkung spüren und immer mehr in deiner Mitte ankommen. Auf der App, die du über die nebenstehende Illu herunterladen kannst, zeige ich dir zwei verschiedene Arten, wie du diese Pausen gestalten kannst.

Meditationen führen dich zum Wesentlichen – zu dir selbst

DAS KRAFTVOLLSTE INSTRUMENT,

das dir auf dem Weg zur Selbstliebe zur Verfügung steht, sind geführte Meditationen. Mit ihnen räumst du dein Inneres auf, klärst Verstrickungen mit deiner Vergangenheit und den Personen, die deinen Weg begleiteten. Hierdurch erschaffst du Klarheit, Frieden und Freiheit zwischen dir und ihnen: Vor allem mit Mutter und Vater, deinen Geschwistern, mit denen sich jeder in Kindheit und Jugend verstricken musste, weil wir von der Aufmerksamkeit und Liebe unserer Eltern abhängig waren und wir ihre Erwartungen erfüllen mussten. Und mit unseren Geschwistern mussten wir um diese Energiequelle konkurrieren. Der Zustand unserer Partnerschaften, der Erfolg in unserem Beruf und die Qualität unserer Beziehungen zu allen Menschen werden am meisten dadurch geprägt, wie unsere innere Beziehung zu diesen Schlüsselpersonen aussieht. Aber auch mit unseren Großeltern und allen Ahnen ist jeder von uns energetisch verbunden und verstrickt. Ihre Schicksale und Lebensmuster beeinflussen unser Leben und das unserer Kinder und Enkel oft auf leiderzeugende Weise.

Manche glauben, sie könnten nicht meditieren: »Ich sehe dabei keine Bilder.« Das ist völlig in Ordnung. Das Wichtigste ist, dass du beginnst wahrzunehmen, was dein Körper dir an Empfindungen signalisiert, wie Unruhe oder Ruhe, Enge oder Weite, Schwere oder Leichtigkeit, Spannung oder Entspanntheit. Das kann jeder fühlen, wenn er die Augen schließt und beginnt, sanft und tief zu atmen. Hinter diesen Empfindungen tauchen dann unsere Emotionen auf wie Ärger, Angst, Trauer, Ohnmacht usw.

Diese Gefühle – körperliche Empfindungen und Emotionen – warten darauf, von uns bejahend gefühlt zu werden, am besten mit der Einleitung: »Alles in mir darf jetzt da sein. Ich bin bereit es zu fühlen.« Erst danach tauchen bei den meisten Menschen innere Bilder auf von dem Geschehen, die mit den Gefühlen in Verbindung stehen. Zuerst kommen die Gefühle, die Bilder sind nicht das Wichtigste. Sie stellen sich ein, wenn du nicht mehr versuchst, sie zu erzwingen, und Meditation nicht mit Leistung verbindest. Auch wenn du öfter dabei einschlafen solltest, akzeptiere es. Diese Meditationen wirken sogar im Schlaf.

JEDE MEDITATION,

ob kurz oder lang, schenkst du dir selbst. Wenn du sie durchführst, sagst du: »Weil ich mich liebe und mir selbst etwas Gutes tun will, gehe ich nach innen, hin zu mir. Ich besuche mich selbst, weil ich es mir wert bin.« Meditationen verändern deine Ausstrahlung und deine innere Befindlichkeit – und das nicht erst nach Jahren harter Übung. Meine geführten Meditationen sind kinderleicht. Darum habe ich auch einige für Kinder zusammengestellt, die damit ihre Angst, Trauer und Wut verwandeln. Du kannst dabei bequem sitzen oder auch liegen, wobei ich die sitzende Haltung empfehle.

Neben den ›klärenden‹ Meditationen, in denen du insbesondere die bisher abgelehnten Gefühle annehmen und verwandeln lernst, unterscheide ich die ›nährenden‹. Sie berühren, öffnen dein Herz und erinnern deine Zellen an das, was alles an Wunderbarem in dir ist. Gleichzeitig verbinden sie dich mit vielen Kraftquellen. Sie zeigen dir spürbar, dass du weit, weit mehr bist, als deine Gedanken es dir bisher weismachten, und lassen es dich fühlen.

Mach diese Meditationen nur, wenn du Lust dazu hast. Versuche nicht, dich dazu zu zwingen. Günstig ist, sich dafür feste Termine in der Woche und am Wochenende zu setzen und sie genauso wichtig zu nehmen wie verbindliche Termine mit einem anderen Menschen. Du wirst schon nach wenigen Malen spüren, wie diese Stunden mit dir Ruhe, inneren Frieden, Gelassenheit und Freude hervorbringen.

Dein Weg
ist dein
Weg –
dein
ureigener
Weg

UND JETZT LIEGT ES AN DIR,

deinen Lebensweg zu deinem ureigenen Liebesweg zu machen, zum Weg deines Herzens, das dabei dein allerbester Führer sein will. Aber selbst der beste Wanderführer nützt nichts, wenn man nicht auf ihn hört. Nach vielen Jahren des Sich-Selbst-Verlierens und -Vergessens, dem Gehen vieler Umwege, auf denen wir im Außen und bei anderen suchten, was wir nur in unserem Innern finden können, taucht im Leben immer mal wieder eine Weggabelung auf. Und dann stellt sich die Frage: »Wohin soll's denn gehen? Für welchen Weg entscheidest du dich, für die Liebe oder für die Angst, für die Treue zu deinem Herzen oder für die Untreue?«

DU KANNST DICH IMMER WIEDER NEU

für die Liebe entscheiden. Es ist menschlich, wenn du immer mal wieder von diesem Weg abkommst, dich für dies oder jenes verurteilst, dir Druck machst, mit dir haderst oder dich ärgerst. Das darfst und kannst du dir verzeihen. Schenke dir Sanftmut, Milde und Geduld auf diesem Weg zu dir. Versuche auch hier nicht, perfekt sein zu wollen. Sich selbst mehr und mehr zu lieben ist keine Frage von Leistung, sondern es ist eher wie eine schöne Kette mit kleinen und großen Geschenken. Jedes Geschenk ist eine Perle und wie groß und schön diese Kette für dich wird, entscheidest du an jedem Tag aufs Neue.

Sobald du dich entschieden hast (oder vielleicht noch entscheiden wirst), den Weg der Selbstliebe zu gehen, wirst du immer stärker eine Kraft in deinem Rücken spüren, die dich unterstützt, trägt und ermutigt, diesen Weg erfolgreich weiterzugehen. Es ist die Liebe selbst, diese unendliche Quelle, aus der alles Leben entstanden ist, die dich zu deiner tiefsten Wahrheit und zu deiner größten Lebensfreude in diesem Körper führen will. Nichts und niemand – außer du selbst – kann dich schlussendlich davon abhalten.

DIESE KRAFT, DIE LIEBE SELBST,

dreht jetzt in diesen Zeiten mächtig auf und auch die dunkelsten Kräfte der Angst, der Wut und des Terrors können ihr nicht standhalten. Ihnen wird jetzt – und in den nächsten Jahren – die Kraft entzogen werden. Ich kann verstehen, wenn dein Verstand daran zweifelt, aber du wirst dich an meine Worte erinnern und vielleicht erstaunt sagen: »Das hätte ich ja nie gedacht, dass dies möglich ist!« Ich sage dir, der große Wandel, die Transformation der Menschheit ist unumkehrbar.

Diese Erde wird morgen, in den nächsten Jahren – und nicht in ferner Zukunft – eine neue Erde des Miteinanders, der liebenden und wertschätzenden Gemeinschaft, des Friedens und der Liebe sein. Und du kannst einer der Vorreiter für diese Gemeinschaft sein. Dieser Weg zur Selbstliebe bedarf der bewussten Entscheidung des Einzelnen. Hast du dich schon entschieden oder zögerst du noch? Deine Zweifel sind in Ordnung und menschlich, aber um eine Entscheidung kommt niemand herum: Entweder heißt es »Ja« oder »Nein« zur Liebe und zum Lieben.

DIESER WEG DER LIEBE IST KEIN HARTER,

schwerer Weg, wie uns der Verstand gerne weismachen will mit Gedanken wie »Theoretisch hört sich das ja gut an, aber die Umsetzung ist doch schwer!«. Es ist ein Weg der kleinen Schritte im Alltag, deren wohltuende und segensreiche Wirkung du sehr schnell spüren wirst und für die du in diesem Buch, den Apps und der beiliegenden CD viele Anregungen findest. Wie bereits zu Anfang des Buches gesagt: Du bist der wichtigste Mensch in deinem Leben, dem du deine erste Aufmerksamkeit schenken und für den nur du gut sorgen kannst. Das kann man nicht delegieren. Es gehört zu den größten Freuden eines Menschen, sich selbst immer besser kennenzulernen, immer tiefer zu begegnen und die Veränderungen in sich selbst und seinem Umfeld mit wachsendem Erstaunen wahrzunehmen.

Fang damit gleich morgens an, während du noch im Bett liegst, und begrüße dankend den neuen Schöpfertag und entscheide dich, bewusst und liebevoll mit dir selbst durch den Tag zu gehen. Bedanke dich gleich am Morgen für alle Geschenke, die dieser Tag für dich bereithält – in jeder Begegnung mit dir und deinen Mitmenschen. Nimm dich und deinen Körper selbst in die Arme, ebenso das kleine Mädchen oder den kleinen Jungen in dir. Das Kind, das mitgenommen werden will von dir im Alltag, das Beachtung und Freude durch dich erfahren will, und sage ihm: »Ich liebe dich! Und wir beide machen das heute wieder gut zusammen.«

Kehre tagsüber bei kleinen oder größeren Pausen immer wieder bewusst zu dir selbst zurück, schenke dir diese Zeiten der bewussten Begegnung mit dir. Und jedes Mal, wenn du dich bei einem lieblosen Gedanken dir gegenüber ertappst, sage dir: »Stopp, so will ich nicht über mich denken. So lieblos will ich nicht mit mir umgehen. Ich entscheide mich für einen neuen, einen liebevollen Gedanken.« Und jedes Mal, wenn dich ein Mensch provozieren und in seinen Schmerz und sein liebloses Verhalten verstricken will, sage dir innerlich: »Bleib bei dir!« Halte dein Herz offen für deine eigenen inneren Reaktionen und für das verletzte Kind im Gegenüber.

Sorge am Abend wieder dafür, dass du Zeit für dich findest – egal ob auf einem kleinen Spaziergang oder in einem Sessel. Denn ein etwa 16-stündiger Schöpfertag mit vielen Begegnungen und Erfahrungen will gewürdigt und ›abgerundet‹ werden, bevor du bewusst in den Schlaf gleitest. Leg dich im Bett noch für fünf Minuten auf den Rücken und spüre die Energien in deinem Körper, bevor du dich herumdrehst. Flüchte dich nicht in den Schlaf, sondern beende dankend und würdigend deinen Schöpfertag, bevor deine Seele nachts auf Reisen geht und die Liebe über deinen Schlaf wacht.

Dein Herz weiß um all das, was in dir angelegt ist an Möglichkeiten, Talenten und Freude, um deinen ganz eigenen Weg zu gehen, der mit dem keines anderen Menschen vergleichbar ist. Alles, was du bisher erlebt hast, ob du zwanzig oder achtzig bist, waren wertvolle Erfahrungen für dich. Wenn du die Liebe und dein Lieben zum Wichtigsten in deinem Leben erklärst, wird sich deine Vergangenheit nicht in der Zukunft wiederholen, sondern du wirst Schritt für Schritt staunend erleben, wer du wirklich bist. Wahrhaftig zu leben heißt nichts anderes, als tief zu lieben und die Wunder der Liebe und des Lebens zu genießen.

»Mein Weg ist mein Weg«

Da ist keiner, der adieu sagt, der dich hält
und keiner, der dich grüßt und Fragen stellt
und irgendwo da draußen
in der Nacht sollst du dich spür'n
doch alles, was dich ausmacht
ist nur Angst, dich wieder zu verlier'n

da ist keiner, der dich auffängt
wenn du fällst
und der dir jetzt Mut macht bist du selbst
und doch in dieser Dunkelheit,
stehst du plötzlich im Licht
zum ersten Mal da siehst du es
zum ersten Mal zweifelst du nicht

Mein Weg ist mein Weg, ist mein Weg
und kein Schritt führt dich jemals mehr zurück
mein Weg ist mein Weg, ist mein Weg
mit Schatten und mit Tränen
mit Lachen und mit Glück
mein Weg ist mein ureigener Weg

Und wie von selbst wird alles um dich leicht
die Härte schwindet und dein Herz wird weich
und plötzlich siehst du Augen,
die dir Liebe geben woll'n
Gesichter, die dich anschauen,
die dich wie ein Gast nach Hause holen

und wie von selbst wird alles in dir warm
und ruhig bist du, liegst in deinem Arm
die Mauer ist zerbrochen, die Mauer ist entzwei
und wo sonst nur die Angst war,
ist das Kind auf einmal vogelfrei

KLAUS HOFFMANN
(AUCH VON NENA SCHÖN INTERPRETIERT)

NACHWORT

Wenn du dieses Buch zu Ende gelesen hast – ob nun mit dem Verstand oder mit dem offenen Herzen –, spürst du vielleicht die große Sehnsucht in dir nach einer vollkommen neuen Qualität des Lebens, nach tiefem Frieden, größter Freude an dir und nach deinem ureigenen Weg. Auch wenn dein Verstand daran zweifelt, dass du das in diesem Leben (noch) erleben könntest, entscheide dich, zu vertrauen. Die Liebe führt dich, nährt dich und trägt dich, wenn du das Deine dazutust und dich immer erinnerst: »Ich geh den Weg meines Herzens, der Liebe und des Vertrauens in die Liebe.«

Die Meditationen und Übungen, die dir mit der App und auf der beiliegenden CD zur Verfügung stehen, helfen dir, dein Herz zu befreien: von all dem, was du darübergelegt hast, damit du es jetzt wieder oder weiter öffnen kannst für das Lieben und das kleine unschuldige Kind in dir, das nichts anderes wollte, als zu lieben, zu lachen und zu leben.

Ich empfehle dir sehr, dieses Buch beim zweiten Mal langsamer zu lesen und immer wieder innezuhalten, um das Gelesene langsam zu verdauen und sacken zu lassen. Erst wenn du den Kerninhalt des Buches einem Freund oder deinem Partner mit deinen eigenen Worten wiedergeben kannst, hat sich der Inhalt in deinem Bewusstsein und Unterbewusstsein verankert und kann seine Wirkung in deinem Alltag voll entfalten.

Ich wünsche dir von ganzem Herzen Gottes reichsten Segen sowie Freude, Frieden und Erfüllung auf deinem ur-eigenen Weg der Liebe.

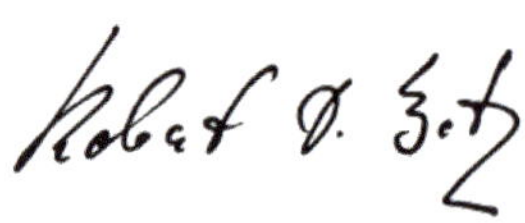

VORTRÄGE, GEFÜHRTE CD-MEDITATIONEN UND BÜCHER

VORTRÄGE

Mich selbst lieben lernen

Erkenne Dich in den Spiegeln deines Lebens! Die Spiegelgesetze verstehen und anwenden lernen

Raus aus den alten Schuhen! Wie du ein neues Leben erschaffst

Angst, Wut, Schmerz u.a. in Freude verwandeln. Vom Umgang mit unangenehmen Gefühlen

Glücklich in einem gesunden Körper – ein Leben lang. Deinen Körper ehren, heilen, lieben …

Wie Frauen und Männer zu sich und zueinander finden

Bring Ordnung in dein Leben

THEMENSPEZIFISCHE CD-MEDITATIONEN

Morgenmeditationen von der Insel der Liebe, Lesbos

Frieden mit meinen ›Arsch-Engeln‹

Negative Gefühle in Freude verwandeln

Bring frischen Wind in deine Partnerschaft

Eltern helfen ihrem Kind und sich selbst

Deinen Körper durch Liebe heilen

Meine Mutter und ich. Begegnungen mit ihr für Freiheit, Frieden und Heilung

Mein Vater und ich. Begegnungen mit ihm für Heilung, Frieden und Freiheit

Befreie und heile das Kind in dir. Geführte Meditation zur Verwandlung deines inneren Kindes

Nimm deinen Thron wieder ein! Meditationen, die dich in deine wahre Größe führen

BÜCHER VON ROBERT BETZ

»Raus aus den alten Schuhen«, HEYNE 2016 (SPIEGEL-Bestseller)

»Werde, der DU sein willst«, GRÄFE UND UNZER 2015

»Willkommen im Reich der Fülle«, HEYNE 2015 (SPIEGEL-Bestseller)

»Wahre Liebe lässt frei«, HEYNE 2014 (SPIEGEL-Bestseller)

»Willst du normal sein oder glücklich?«, HEYNE 2011 (SPIEGEL-Bestseller)

»So wird der Mann ein Mann«, Integral 2010

»Zersägt eure Doppelbetten«, Ansata 2010

»Der kleine Führer zum großen Erfolg«, Verlag Robert Betz 2010

Alle Bücher und CDs sind im Handel sowie im Robert-Betz-Onlineshop unter **www.robert-betz-shop.de** erhältlich. Ausführliche Informationen zu allen Vorträgen, Seminaren, Ausbildungen und zu den Publikationen von Robert Betz findest du unter **www.robert-betz.com**. Wenn du regelmäßig per E-Mail-Newsletter informiert werden möchtest, trage dich bitte auf der Website ein oder fordere unseren Katalog an.

IMPRESSUM

Projektleitung: Simone Kohl

Lektorat: Alexandra Bauer (textwerk, München)

Umschlaggestaltung & Layout: independent Medien-Design, Horst Moser, München

Herstellung: Petra Roth

Satz: L42 AG, Berlin

Repro: Longo AG, Bozen

Druck & Bindung: dimograf

ISBN 978-3-8338-4143-9

1. Auflage 2016

Die GU-Homepage finden Sie im Internet unter www.gu.de

Bildnachweis
Cover: Marc Thürbach (Robert Betz), Shutterstock (Rose)
Außenklappe hinten: Marc Thürbach

Illustrationen: Claudia Lieb, München

Syndication
www.seasons.agency

CD und App
Autor und Sprecher: Robert Betz
Produktion: L-Ton-Studio, Philipp Kudelka, München

Quellenvermerk
S. 18: Bronnie Ware, »5 Dinge, die Sterbende am meisten bereuen. Einsichten, die Ihr Leben verändern werden«, © 2013 Arkana Verlag, München, in der Verlagsgruppe Random House GmbH, Übersetzung: Wibke Kuhn
S. 90: Marianne Williamson, »Rückkehr zur Liebe. Harmonie, Lebenssinn und Glück durch ›Ein Kurs in Wundern‹«, © 1993 Arkana Verlag, München, in der Verlagsgruppe Random House GmbH, Übersetzung: Susanne Kahn-Ackermann

Wichtiger Hinweis
Die Gedanken, Methoden und Anregungen in diesem Buch stellen die Meinung bzw. Erfahrung des Verfassers dar. Sie wurden vom Autor nach bestem Wissen erstellt und mit größtmöglicher Sorgfalt geprüft. Sie bieten jedoch keine Ersatz für persönlichen kompetenten medizinischen Rat. Jede Leserin, jeder Leser ist für das eigene Tun und Lassen auch weiterhin selbst verantwortlich. Weder Autor noch Verlag können für eventuelle Nachteile oder Schäden, die aus den im Buch gegebenen praktischen Hinweisen resultieren, eine Haftung übernehmen.

Umwelthinweis
Dieses Buch wurde auf PEFC-zertifiziertem Papier aus nachhaltiger Waldwirtschaft gedruckt.

QUALITÄTS G|U GARANTIE

Liebe Leserin, lieber Leser,

haben wir Ihre Erwartungen erfüllt? Sind Sie mit diesem Buch zufrieden? Haben Sie weitere Fragen zu diesem Thema? Wir freuen uns auf Ihre Rückmeldung, auf Lob, Kritik und Anregungen, damit wir für Sie immer besser werden können.

GRÄFE UND UNZER Verlag
Leserservice
Postfach 86 03 13
81630 München
E-Mail:
leserservice@graefe-und-unzer.de

Telefon: 00800 / 72 37 33 33*
Telefax: 00800 / 50 12 05 44*
Mo–Do: 9.00 – 17.00 Uhr
Fr: 9.00 – 16.00 Uhr
(gebührenfrei in D, A, CH)*

Ihr GRÄFE UND UNZER Verlag
Der erste Ratgeberverlag – seit 1722.

www.facebook.com/gu.verlag

GRÄFE UND UNZER

Ein Unternehmen der
GANSKE VERLAGSGRUPPE